Ueber
Leben und Verfassung
in
Kreisen und Gemeinden,
mit
besonderm Bezug auf Preußen.

Von
Goswin Freiherrn von Brederlow,
Königlichem Landrathe des Preußisch-Eylauer Kreises.

Berlin 1820.
Gedruckt und verlegt
bei G. Reimer.

Vorwort.

Die preußische Gesetzgebung, so fruchtbar und erfolgreich sie auch seit dem Jahre 1808 an herrlichen Einrichtungen ist, enthält in den Verhältnissen, darin das innere Staatsleben in beschränkterem Kreise sich bewegen soll, nur einzele Bestimmungen, welche noch, unzusammenhängend in sich, manche Lücke gewahr werden lassen. — Die Städte haben seit 1809 das Recht erlangt, ihren Angelegenheiten vorzustehen, und überall wo die Städte-Ordnung, gepflegt von den verwaltenden Behörden, sich in ihrem ganzen Umfange entwickeln durfte, hat sie herrliche Früchte getragen; den Bürgersinn belebt und alle die Tugenden entwickelt, welche hervorgehen aus einem enggeschlossenen Verbande, darin der Einzele nichts weiter sucht, als beizutragen nach Fähigkeiten und Kräften am allgemeinen Wohl. Das Edikt vom 30sten Juli 1812 enthält in manchen Stücken sehr viel, was ausgeführt, vortheilhaft und nützlich dem Lande geworden wäre, wenn es auch schon nicht ganz befriedigt. Es ist aber nur so sehr theilweise, hier mehr dort weniger, zur Ausführung gekommen, daß dadurch noch kein eigentlich Leben geschaffen worden. Der Entwurf einer das Ganze (Land und Städte) umfassenden Gemeinde-Ordnung, ist in diesem Augenblick nicht nur als dringendes Bedürfniß gefühlt, sondern der Gegenstand der besondern Berathung der die Gesetze vorbereitenden und berathenden Behörde, des Staatsrathes, geworden.

Wenn ich in diesem Augenblick öffentlich meine Ansicht über einen so wichtigen Gegenstand ausspreche, der von den würdigen, mit dem meisten Vertrauen des Königs beehrten, Männern berathen werden soll: so muß ich mich rechtfertigen gegen eine scheinbare Anmaßung. Darüber muß nun vor allen der Inhalt dieser Schrift entscheiden; was mich aber dazu bestimmt, meine Ansichten öffentlich darzustellen, ist, daß ich glaube in den fast sechzehn Jahren, welche ich dem Staatsdienste verpflichtet durchlebt, und durch die mir darin beschiedene häufige Muße, Gelegenheit gefunden zu haben, über die Frage: wovon wird das innere Staatsleben in Kreisen und Gemeinden bedingt? — gründlich urtheilen zu können.

Ich habe gerade durch die Verhältnisse, in welchen ich stand, den Vorzug vor manchen andern Dienern des Staats gehabt, denen ich gern an Kenntniß und Einsicht nachstehe, daß ich mit den nöthigen wissenschaftlichen Kenntnissen ausgerüstet, die Staatsverwaltung selbst als Theilnehmer in ziemlich weitem Kreise übersehen, und dann auch die Wirkungen und Aeusserungen dieses Verwaltens auf die verschiedenen Klassen der Inwohner, darauf es sich erstreckte, wahrnehmen und verfolgen konnte. Daraus ist mir denn vielleicht der Vortheil vor vielen andern erwachsen, daß ich die Fähigkeit aller Volksklassen beurtheilen und kennen gelernt habe, in den vielfachsten Verhältnissen des öffentlichen Lebens, und dadurch habe ich die feste Ueberzeugung erlangt, daß das Volk fähig sei, in gar vielen Fällen, die sein Interesse näher betreffen als das jedes andern, sich selbst vorzustehen. — Ich erwähne dabei gar nicht des großen Momentes im Jahre 1813, der mein Vaterland, das alte Königreich Preußen, so glänzend in der Geschichte des Vaterlandes darstellt; wo, als Seine Majestät der König, auf Ansuchen der Stände, die Errichtung der Landwehr zur Befreiung des Vaterlandes genehmigt, dieser herrliche Beweis der Treue zu dem verehrten angestammten Könige, ganz ohne Mitwirkung verwaltender Behörden, nur durch die vom Lande mit dem größten Vertrauen beehrten Männer gebildet, ausgerüstet und unterhalten wurde; noch weniger der vielfachen Wohlthätigkeits-Vereine, die so viel Herrliches gewirkt und so viel geleistet haben, und die alle von Personen errichtet wurden, welche gar nichts mit dem gewöhnlichen Verwalten zu thun hatten, da auch so viele edle Frauen daran Theil nahmen, welche alle dazu berufen waren, in weit gewöhnlichern öffentlichen Lebensbeziehungen wirksam zu sein. Ich rede hier nur von dem unter alle Klassen der Inwohner überall wahrgenommenen gesunden Menschenverstande, (der praktischen Vernunft) der mit der zum jeglichen Stande gehörigen nothwendigen ihm zu Theil gewordenen Bildung, alles erwarten läßt, was von Menschen erwartet werden kann: welche in unverbrüchlicher Treue an ihren König hangen und an ihr Vaterland, und in denen diese Bedeutungen so zusammen verschmolzen sind, daß die eine ohne die andere gar nicht gedacht werden kann. — Dieser gesunde Menschenverstand, durch keine Schule einseitig gemacht oder vom Selbstdenken abgehalten, durch kein rabulistisches noch sophistisches Grübeln verderbt, ist das große Gut, dem man, wie ich mich sechzehn Jahre hindurch überzeugt habe, vor allen die Ordnung im Lande und das Wohlgefallen daran, die Bewahrung des öffentlichen Friedens und das Erhalten vieler, dem geselligen Vereine zu Gute kommenden Einrichtungen zu danken hat; denn er kann, vorurtheilsfrei wie er da steht, nur das ihm zusagende Gute wollen ohne alle Nebenabsichten. Er ist aber auch der eigentliche Grund, auf welchen das Gebäude des innern Staatslebens, das nämlich was sich auf Gemeinden und Kreise bezieht, errichtet werden sollte, dadurch daß man seiner Entwickelung keine Schranken setzt, durch fremde Bevormundschaftung oder durch Hinzutreten fremder Begriffe. Der Staat, dem es darum zu thun ist, das alles mögliche Gute in ihm gedeihe, hat eigentlich seiner Seits wenig Anstrengungen zu machen zum Erreichen solchen Zwecks; er darf nur geschehen lassen, die Hindernisse die sich dem entgegen stellen wegräumen und, — da alle Ausbildung, die theoretische wie die praktische, nur Stufenweise recht gedeiht, — dafür sorgen, daß Pfleger und Leiter da sind, welche dem Volksverstande immer mehr Feld zum Anbau geben, und ihm, nachdem sie ihn selbst vorher begriffen und gewürdigt, nur als Mittel dienen, wodurch er sich entwickelt und belebt. —

Den Beweis für diese Behauptung nehme ich nur aus einer Einrichtung in Ostpreußen, welche fast ganz sich selbst überlassen grade das Meiste für die Erhaltung der Ordnung im Lande beiträgt, und das sind in den Dörfern die Schulzen und Geschwornen. Sie sind diejenigen, welche alles anordnen was dem Gemeindeverbande nöthig und zweckmäßig ist, und die oft mit vielen schwierigen verwickelten Aufgaben zu kämpfen haben, die ihr gesunder Verstand, und die billige Gewohnheit daß ihrem Ordnen Folge geleistet wird, fast überall mit großer Geschicklichkeit und Umsicht löset. — Soll also ein öffentlich Leben wahrhaft begründet werden, soll das Volk das Recht erhalten dasjenige Interesse wahrzunehmen, welches ihm grade am nächsten liegt, so scheint es nöthig, daß diese noch wirksamer, wie alle im Volke schlummernden und nicht angewendeten Kräfte mehr hervorgerufen werden müssen, als sie es zeither waren.

Für diejenigen, welche mein Vaterland, das Land, welches einen Kopernikus Kant, Haman, Herder, und so viel herrliche noch lebende Männer erzeugt, nicht kennen, die gewohnt sind deutsche Kultur nach Längegraden zu begränzen, und östlich der Weichsel gar kein Deutschland, sondern nur eine Art Wildniß erblicken, scheint mir nöthig hier anzumerken, daß dies Land, seitdem es der deutsche Orden im dreizehnten Jahrhunderte für Deutschland erwarb, in fortdauernder Ausbildung begriffen; daß alle die geistige und industrielle Kultur, welche in der Ordenszeit dies Land zu einem der blühendsten machte, in einem der frühesten protestantischen Staaten, sich in größerer Freiheit als irgend wo entwickeln konnte, unter dem wohlthätigen Schutze geachteter und verehrter Landesherrn, und daß diese geistige Kultur, und ihre Folge, die zweckmäßigen Einrichtungen die das Wohl des Ganzen bezwecken, nicht nur das besondre Gut der Städte blieb, sondern auch dem Lande zu Gute kam, und daß man die einzig nützliche Einrichtung von Schulzen und Geschwornen, welche in Sachen der Dorfpolizei fast ganz unbeschränkt gebieten, und die Gemeinde versammeln durch das des Herumsenden des Schulzenzeichens,*) ohne alle weitere Zwangsmittel, sich aus den Zeiten des vierzehnten und funfzehnten Jahrhunderts, von den Städten auf das Land übertragen hat.**)

Ich komme jetzt auf die Schrift selbst. — Es schien mir nöthig, im ersten Abschnitte darzustellen, wie sich gesellige Vereine bilden bis zum größten und vollkommensten. Darin habe ich eine

*) Ein sehr verschiedenartig geformtes Stück Holz.

**) Das Verfahren der Schulzen und Geschwornen, bestimmt fast in allen großen Gütern und Dörfern, „die Willkühr," ein auf die Örtlichkeit und die Verhältnisse der Dorfsinwohner wohlberechnetes Gesetzbuch, selten gedruckt sondern meistens geschrieben, und von Zeit zu Zeit vom Gutsherrn mit den Inwohnern verbessert. Darnach allein werden Gemeinden, wie mir bekannt, verwaltet, deren jährliches gemeinschaftliches Bedürfniß, mehr als 2000 Rthlr. erfodert. Diese Dorfwillkühren machen es möglich, daß die meist jährlichen Wahlen der Schulzen und Geschwornen vor sich gehen können, ohne Gefahr für die Gesammtheit, und daß jeder weiß was er vom andern fodern dürfe, und wozu er selber verpflichtet. — Daher scheint mir, daß ein Gesetz welches eine Kommunalordnung enthält, diese nur in den allgemeinsten Umrissen enthalten könne, und es den einzelen Gemeinen überlassen müsse, diese sich anzupassen.

andre Erklärung über das Wesentliche eines Staates versucht, als sie auch in neuester Zeit von achtbaren Männern, welche diesen Gegenstand besonders behandelten, aufgestellt wurde, die in der gemeinschaftlichen Garantie des Eigenthums den Ursprung der Staatsvereine finden, und daraus denn die richterliche Gewalt des Oberhauptes und das Recht jeden zu zwingen, daß er sich den allgemeinen Normen unterwerfe, herleiten. Mir scheint, daß sie die Wirkung für die Ursache genommen haben, weil ich mir keinen Anfang eines Staatsvereines denken kann, wozu die Sicherung des Eigenthums den ersten Grund legt. — Der Staat, der mir erscheint wie eine große Familie, die sich freudig und willig ihrem Haupte unterwirft und ihm in Allem gehorsamt, kann, meiner Ansicht nach, nur aus dem liebevollen Anschließen an Einen entstehen. Die Liebe ist das große vorherrschende Prinzip der Menschheit, sie ist der Athem den Gott dem Menschen eingehaucht hat, auf sie ist die ganze christliche Religion gegründet, welche wir eben darum als göttlich erkennen durch Gefühl und Vernunft, weil sie den göttlichen Funken in uns zur reinen Flamme erglüht. Diese große Liebe, die das Annähern der Menschen zu Menschen bewirkt, und dadurch die Geselligkeit erzeugt, als das Gefühl wie wir allein so gar nichts sind, wie wir so sehr anderer bedürfen, um uns ihnen mitzutheilen in Geben und Empfangen, diese ist das wahre Band, das alle geselligen Vereine von dem engsten bis zum ausgedehntesten allein umschlingen kann und muß, wenn sie Werth haben sollen. Daher steht das Oberhaupt des Staates da, als der liebevolle Mittler welcher alle Mißverhältnisse, die unter seinen Kindern entstehen, ausgleicht; und weil die Menschen nicht rein göttlichen Sinnes sind und sein können, so ist ihm das Recht gegeben, die, so sich vom rechten Wege (dem Streben nach dem erreichbaren Göttlichen) entfernen, zu ermahnen und sie mit Ernst darauf zurückzuführen, woraus erst das Recht der Strafe und des Zwanges entsteht. — Darum ist aber das Richteramt nothwendig mit der Gewalt des Herrschers verbunden, weil von ihm, als alleinigem Handhaber der Gesetze, nach welchen der Staat regiert, d. h. in Liebe gehalten wird, die vollendeteste Geselligkeit darzustellen, alle die Maaßregeln ausgehen müssen, welche diesem Zwecke entsprechen.

Im zweiten Abschnitte war ich bemüht darzustellen, wie sehr es Noth thue, daß da wo es darauf ankommt zu handeln, Einer dastehe, wo aber berathen oder geprüft werden muß, der Mehrheit Recht eintrete.

Im dritten Abschnitte habe ich außer der noch unvollständigen preußischen Gesetzgebung für nöthig erachtet, die kritischen Darstellungen zweier andern hinzuzufügen. Die westphälische, eigentlich die französische auf deutschem Boden verpflanzte, — darum weil das Edikt vom 30. Juli 1812 einiger Maaßen sie auf den Preußischen Staat übertragen hat; die englische, weil sie ursprünglich deutschen Ursprungs ist, sich aus deutscher Art und Sitte gebildet, und in mehr als 600 Jahren so vervollständigt hat, daß sie nun als wesentliche Eigenthümlichkeit dasteht, die ein inneres Volksleben erzeugt hat, wie es sich nirgend so herrlich als in England ausspricht.

Der vierte Abschnitt endlich, Material zur Kreis- und Gemeinde-Ordnung enthält meine, auf sechzehnjährige Erkenntniß gegründete Ansicht, wie das Gemeindewesen im Preußischen Staate möglich sey einzurichten und mit der bestehenden Verwaltuug zu verbinden. Sehr entfernt darin etwas Vollständiges oder Vollendetes dargestellt zu haben, habe ich aber wenigstens meine innige Ueberzeugung ausgesprochen, über das was jetzt zweckmäßig und mit Erfolg eingerichtet werden kann, ohne daß es angewohnte und eingelebte Verhältnisse zugleich verletzt. — Ich halte es für nöthig die Grundsätze aufzustellen, von denen ich dabei ausgegangen bin, weil sie viel zum Verständniß des Ganzen beitragen. Es sind diese:

1. Wie die richterliche Gewalt unzertrennlich

von der vollziehenden ist und dem Staatsoberhaupte gebührt; so müssen auch alle die Fälle wo es darauf ankommt, einen Dritten zu verpflichten, von dieser Macht Bestätigung erhalten, durch die, welche den Auftrag haben sie zu ertheilen, weil man sonst auf diese Fälle das Recht nicht könnte anwenden lassen.

2. Dasjenige Interesse, was dem Inwohner des Staates am nächsten liegt, und welches er die Fähigkeit hat selbst wahrzunehmen, gebührt ihm vor allen selbst zu hüten.

3. Einrichtungen, welche von einem allgemeinen Nutzen sein sollen, müssen von der Art sein, daß kein Stand dadurch verletzt werde.

4. Dasjenige Gute, was vorbereitet im Volke liegt, und nur durch Veranlassung der Regierung geweckt und gefördert zu werden braucht, ist ihm zuträglicher als ein möglich theoretisch erkanntes Bessere, welches ihm unvorbereitet werden soll.

5. Die Bildung des Volkes in der Fähigkeit, seine nächsten Beziehungen unter sich selbst festzustellen, geht nur stufenweise.

Ich weiß sehr wohl, daß manche dieser Sätze denen nicht zusagen werden, welche alle historische Entwickelung des Volksgeistes und Vermögens zu handeln, gar nicht berücksichten mögen, und die nur dahin streben, ein als richtig erkanntes ideales Verhältniß, gleich in der Wirklichkeit darzustellen. Sie sind der Meinung, daß wenn dies nur erst gegeben, sich dann auch die Fähigkeit es zu brauchen von selbst entwickeln werde. Die Natur und die Erfahrung widerstreiten aber diesem Behaupten. Es entsteht nichts gleich fertig, alles braucht Zeit und Pflege, um vollendet da zu stehen, so in den Reichen der Natur, wie in denen des Geistes. Wir Menschen sind nicht hieher gesetzt, um uns ganz vollendet darzustellen, sondern uns dieser als möglich erkannten Vollendung zu nähern, weil die Möglichkeit dieser Vollendung für ein Jenseits bestimmt ist; aber gestrebt muß werden, mit aller Kraft des Willens so viel zu erreichen als möglich erreichbar ist, und je kräftiger das Streben durch den Willen unterstützt wird, desto weiter rückt die Zeit im Entwickeln des Bessern vor. Welche Fortschritte hat der Preußische Staat in zwölf Jahren in der Entwickelung seiner innern Staatsverhältnisse gemacht? — Darum strebe man fort im Entwickeln und Erwecken aller der Kräfte, die noch nicht gehörig gebraucht wurden, oder noch im Schlummer lagen, und die richtige Anwendung derselben, anfangs mit Liebe von oben herab geleitet, wird das ganze Volk zu reger Theilnahme beseelen am Gemeinwohl, und alle in Treue um den Thron stellen.

Berlin, im Februar 1820.

Freih. von Brederlow.

Erster Abschnitt.

Bildung von geselligen Vereinen.

Das nächste Verhältniß geselliger Bande geht aus der Ehe hervor. Daraus entwickeln sich Hausstand und Familie als die Anfänge aller Gesellschaften; der Wille des Hausherrn und Vaters wird Gesetz und nach einer Reihfolge von Geburten steht der Inbegriff der verschiedenen Willen der Hausherrn und Väter, als Familiengbrauch geheiligt da, und bestimmt bleibend, motivit durch Liebe und Achtung, die Verhältnisse der Familienglieder und des dazu gehörigen Gesindes. (Ursprünglich die Familie des Hausherrn die er schützt und nährt). Geselliges Bedürfniß gegründet in der Natur des Menschen, bringt diese zusammen; Liebe und gegenseitiger Gebrauch einzelner Vermögen und Kräfte, die nur gemeinschaftlich das leisten können, was im vereinzelten Zustande nicht möglich, werden die Ursache des Zusammenwohnens und Lebens mehrer Familien: so entstehen Dorfgemeinen, auf natürlichem Wege. Die Geschichte lehrt es anders; denn weil Leidenschaften wirken und so Liebe als Haß, Schutz als Verfolgung erzeugen, so gestalten sich durch sie die Verhältnisse in der Art, daß der Schwächere sich dem Schutze des Stärkern übergiebt, woraus dienstliche Verhältnisse in allen Verzweigungen entstehen. Der Staat, der die aus Macht und Schwäche gebildeten Verhältnisse auflöset, jedem Einzelen sein ursprünglich Recht auf freien Gebrauch seiner Kräfte wiedergiebt, und dadurch die Entwickelung aller Kräfte zum gemeinsamen Ziele, dem Staatswohle, möglich macht, stellt nur das natürliche Verhältniß her. — Durch das Gemeindeleben wird der Wille der verschiedenen Hausherrn und Väter vereint zu einem Gemeindewillen, was dem Einzelen frommt daraus geschieden, und allein auf seine Wohnung, oft, wenn allgemeine Rücksichten entgegen stehen, nicht einmal darauf beschränkt, und nur das bleibt als erkohrner Wille (Willkühr) der Gemeinde, was im allgemeinen zu ihrem Zwecke des Beisammenlebens frommt. Früher bezog sich alles auf die Person, nun treten sachliche Rücksichten hinzu die sich auf die in einzele Eigenthume getheilte Gemeinde beziehen.

Das Gemeinde-Eigenthum wird doppelter Art sein; das was jedem Einzelen darin gehört, das was der Gesammtheit zu steht. Das erste schützt zunächst der Herr selbst, das andre liegt im gemeinschaftlichen Schutz der ganzen Gemeinde, als geheiligte (befriedigte) Sache, res sacra, die keiner anders als zum gemeinen Nutzen gebrauchen darf. Daraus werden zwei Verhältnisse entstehen die durch den Gemeindefrieden gesichert werden, das der Allgemeinheit, das der Einzelen; denn wo diese sich nicht in ihrem Besitze schützen können, wenden sie sich an die allgemeine Bürgschaft. Zu diesen innern Gemeinde-Verhältnissen treten noch andre hinzu, die äußeren, welche sich auf Nachbargemeinden beziehen, um gegen diese den Frieden für das einzele und gemeine Eigenthum zu bewahren. — Um alle diese Zwecke zu erreichen, wird die Gemeinde es machen, wie sie es aus dem frühern Familienleben gelernt hat: sie wird sich ein Haupt erkiesen das ihr vorsteht, einen Richter der den Frieden innen und außen bewahrt; und, wenn nach und nach der Friede schwieriger zu bewahren ist, und das Friedensgeschäft den Richter zu sehr von seinen andern Geschäften abzieht, oder man sich nicht allein seinem Ausspruche überlassen will: so wird man ihm Beisitzer geben, die ihm helfen den Frieden zu bewahren, und das Recht zu finden (zu schöpfen aus dem gemeinen Willen). So werden neben dem Richter Schöfen (Schöffen) entstehen, und den Ursprung ihrer Macht im Vertrauen und Verbande der Gemeinde finden.

Auf diese Weise stehen in der Gemeinde persönliche und sachliche Verhältnisse innen und außen befriedigt da. — Aber dadurch hat sie noch keinen Unterschied von den Thieren, deren gesellig Leben auch, wie die Naturgeschichte lehrt, förmlich befriedigt ist, namentlich der Ameisen, der Biber, Bienen u. s. w. Der Mensch, auch im rohesten Zustande, hat geistige Bedürfniße, die ihn über die Thierwelt erheben, vor allen der Christ. Diese geistigen Bedürfnisse aber beschränken sich auf Unterricht, Belehrung, Besserung und Heiligung. Die Gemeinde wird daher sorgen daß die Kinder zu Gemeinzwecken und zum gemeinen Nutzen nicht nur gebildet, sondern daß sie auch wie die Erwachsenen in der geoffenbarten

Religion, für dies Leben geheiligt und zu einem bessern würdig gemacht werden, was nur auf dem Wege der Erkenntniß eigner Nichtigkeit der menschlichen Natur und durch die Gnade allein bewirkt werden kann. Dies dringende dem Menschen angeborne Bedürfniß zu erreichen, wird es ein Hauptstreben der Gemeinde sein, solche Zwecke zu verfolgen dadurch das Geistige der menschlichen Natur sein Recht erhält. Für den Unterricht der Kinder in der Gemeinde werden hinreichende Mittel sein, aber für den der Erwachsenen, den Gottesdienst, werden sie sich mit mehren verbinden. Aus solchem Verbande gehen Kirchspielgemeinden hervor. —

Mit der Bildung von Kirchgemeinden treten neue Verhältnisse ein: das Allgemeine der einzelen Gemeinde, wird das Besondre, das nur zum Theil sich auf sie bleibend bezieht, wie dies mit dem Familienleben der Fall war, als es in das Gemeindeleben überging. Es sind nicht allein die geistigen Bedürfnisse die diesem Wechsel der Verhältnisse unterworfen werden, sondern alle, da die Kirchengemeinde sich als ein Ganzes betrachtet, das geschlossen in sich da steht. Geselliges Bedürfniß in einer weitern Ausdehnung, und das Prinzip der Liebe, in der geoffenbarten Religion so fest begründet, schließen einen festen Verband. — Die Kirchgemeinde wird sich auch wieder auf die alte Weise bilden, und den gemeinsamen Frieden des Kirchspiels den Gemeinde-Richtern und Schöffen (Schöppen) übertragen, und dazu noch der Bewahrer des Geistlichen hinzutreten, als würdiges heiligendes Mitglied, der gemeinschaftlich, mit den Gemeinbevorstehern das hinzu getretene geistliche Bedürfniß bewahren hilft, den geistlichen Frieden erhält, und als Vermittler zwischen dem irdischen Treiben und dem religiosen Streben dasteht. — Bei diesem Verbande werden die einzelen Gemeinde = Willkühren erweitert werden müssen, weil sie unzureichend sind; sie werden jetzt in eine allgemeine verschmolzen werden, und neben den geheiligten (befriedigten) Sachen, wird es jetzt heilige (res sanctae) geben, die, welche zum Gottesdienste oder zum Gebrauche bei demselben gehören, und die gleichfalls, als Gemeingut des Kirchspiels, unter dessen Frieden gestellt werden. — Der Kirchgemeinde = Rath wird, das Allgemeine beachtend, dafür sorgen daß seine Anordnungen dem erweiterten Zwecke entsprechen, und dadurch wird sich allmählig, durch den Gebrauch, ein neues Verhältniß gestalten, das für die Gesammtheit paßt, und als Gewohnheit Recht wird. — Dies Recht der Gewohnheit wird aber nur in soferne gelten, als die Kirchgemeinde eine zu einem Ganzen verbundene abgesonderte Einzelheit darstellt, ohnbeschadet der Willkühren die noch neben bei bestehen können, in so fern sie nicht dem Gesammtzwecke im Widerspruche sind, die sich aber auch mit der Zeit in eine gemeinschaftliche Norm auflösen werden. Auf gleiche Weise werden auch die Angelegenheiten verwaltet werden; die der Gesammtheit, durch geordnete Kirchspielbeamte; die der Einzelheiten, auf die frühere Art. In der Regel dürfte zu erwarten sein, daß die Gemeinde-Richter gemeinschaftlich mit dem geistlichen Pfleger die Sorge für den Frieden der gesammten Kirchgemeinde übernehmen werden, da diese ihr Amt dem Zutrauen allein zu danken haben, der geistliche Pfleger aber ohne liebevolles Zutrauen seiner Gemeinde ganz werthlos, ja sogar schädlich, da steht.

Gleichwie sich einzele Gemeinden zu Kirchgemeinden vereinen, so werden sich auch diese unter einander verbinden, eine Regel annehmen und dadurch als eine Gesammtheit auftreten. So entstehen Kreise. Hier aber treten abermals neue Verhältnisse hinzu, die von der Beschäftigung der Menschen abhängen, und nun Klassen (Stände) bilden. Dadurch entstehen in der erweiterten Gesammtheit mehre abgesonderte Einzelheiten, alle zu einem Zwecke verbunden aber in sich selbst verschieden, durch Besitz, Fähigkeiten, Beschäftigung und Erwerb. Wenn sie schon in den Gemeinden und Kirchspielen da waren, so traten ihre verschiedene Verhältnisse dort nicht hervor, hier aber findet dies statt, weil aus dem Treiben der verschieden Beschäftigten ein öffentlich (politisches) Kreisleben begründet wird, das einen höhern Zweck verfolgt, gegenseitige Verbeßerung und Vollendung körperlichen und geistigen Seins im allgemeineren Umfange. — Die Kreisgemeinde wird enthalten an verschiedenen Klassen ihrer Inwohner; große und kleine Guthsbesitzer, Tagelöhner, Kaufleuthe und Vereinzeler, Künstler und Fabrikanten, Inwohner welche als Rentenirer leben, oder von dem was sie andern lehren, oder die der Mildthätigkeit des Kreises überwiesen sind. Alle befördern mittelbar das Wohl des Kreises, weil sie alle bedürfen, und darum Aufforderungen sind, theils christliche Tugenden zu üben, theils sich besser und klüger zu machen, theils zu erwerben und hervorzubringen. — Alle diese treten mit ihren Verschiedenheiten bereits im Kreise hervor und helfen dessen größere Verhältnisse bestimmen. — Die Bildung der Kreise geht aber hervor aus dem freiwilligen Anschließen mehrer Kirchgemeinden zu einem Ganzen, oder aus Verwaltmaaßregeln die der Staat beliebt. — Besteht nun ein Kreis zwar aus sehr verschiedenen Inwohnern, deren abweichendes Wirken und Treiben hier erst eingreifend wird im öffentlichen Kreisleben, und das, eine Zeit durch geführt, gleichfalls Gewohnheitrechte bildet, so ist auch die Art wie der Kreis befriedigt werden soll und wem die Sorge für die Erhaltung des Friedens gebühre, verschieden. — Diese, abgesehen von den Gegenständen, welche vor dem Richterstuhle gehören, der über das Mein und Dein abzusprechen hat, der hier aber schon als nothwendige Bedingniß erscheint, ist besonders Sache der erwerbenden Klasse — in der engern Bedeutung des Wortes, nämlich der Landwirthe, der Handeltreiber und der Handwerker. — Diese thun sich zusammen als abgesonderte Stände, die den Frieden brauchen zum Schutz für ihr Gewerbe, das zum Gedeihen Ruhe und Sicherheit fordert, und erwählen, um diesen zu bewahren, sich Vorstände aus ihrer Mitte, indem sie den polizeilichen Angelegenheiten in dem umfassensten Sinne des Wortes vorstehen. Neben ihnen werden andre nöthig sein um Recht zu sprechen über Klagfälle die den Besitz betreffen, oder die aus andern Verletzungen entstanden sind, und dafür einen Verstand zu ermitteln, welcher dieser Pflicht genüge, ist die Sache derer, welche Eigenthum im Kreise haben, also auch der Rentenirer und anderer. Endlich wird auch der Staat, unter dessen großen Schutz und Frieden der Kreis besteht, darin Besitzthümer haben, oder Steuern erheben, woraus denn ein dritter Verstand sich ergiebt, der fiskalische. — So äußern sich im Kreisleben drei Interessen, den Frieden zu sichern und ihn herzustellen wo er gebrochen ist, das Eigenthum vor Verletzungen zu bewahren, und die Rechte des Staatsoberhauptes wahrzunehmen. Diese drei können nur wirksam sein wenn sie vereint dastehen, um übereinstimmend zu handeln und dadurch zu hindern daß sie nicht gegen einander streiten, um aus diesem Vereinpunkte wirksam hinaus gehen in das öffentliche Leben. An die Spitze dieser Verwaltungen gehört eine Person, der Landrath, Vogt, Pfleger, — wie man will — verantwortlich, aber im Handeln nicht beschränkt, damit nichts durch Berathen oder Nachfragen aufgeschoben, in die Länge gezogen oder gar vergessen werde. — Hier erscheint das Oberhaupt des Staates als Schutzherr des Friedens und des Rechtes, und der Landrath stellt ihn vor. Unter ihm wirken die Männer die den Frieden bewahren und zugleich das allgemeine Kreiswohl, öffentliche Anstalten u. s. w. befördern; die, welche das Recht weisen und die, welche die Steuern empfangen. Dem Landrath gebürt auch die Leitung der höchsten öffentlichen Angelegenheiten des Kreises in Kirch- und Schulsachen. Alles findet seinen vermittelnden Vereinpunkt in der Person des Landrathes, welcher der gesetzliche und natürliche Schirmvogt des Friedens für alle die ist, welche bei dem Kreisleben keine Stimme haben können, und darum unter besonderm Schutze der Krone leben, welche die Pflicht hat ihnen ihre Existenz sichern zu lassen. Im Kreise gestaltet sich hiernach ein zwiefach Leben: das der

Gemeinden und Kirchspiele und das des Kreises selbst als ein Ganzes betrachtet. — Alle Funktionen des Gemeindelebens verbleiben, die Gemeinde-Richter bewahren den Frieden und ihr Gesetzbuch ist das Recht des Staates und ihr Gewissen (judicium bonae fidei;) aber der, welchem ihre Aussprüche nicht genügen, darf sich weiter an den Landrath wenden, der entweder selbst entscheidet oder die Sache vor das Kreisgericht stellt, wo nach dem gegebenen Gesetz allein gesprochen wird. —

So wie ferner der Kreis größere Massen von Gemeinden in sich vereint, so wird es auch für die Masse der Inwohner größere und mannigfachere Bedürfnisse geben, die sich auch umfassendern Unterricht, überhaupt Bildeanstalten, und manche Einrichtungen beziehen, deren Nutzen allgemein anerkannt, aber nur durch das Zusammentreten mehrer Kreise möglich gemacht werden.

Die Kreisbildung bleibt aber nicht die letzte Einrichtung darin sich Staatsleben äußert. So viele Kreise eines Stammes, eines Standpunktes der Bildung sind, und übereinstimmende Gewohnheiten und Gebräuchlichkeiten bewahren so viele werden sich auf natürliche Art, durch das große Prinzip der Geselligkeit vereinen, und daraus werden Provinzen auf natürlichem Wege entstehen, weil sie eine große Gemeinheit schon an sich bilden. Auch hier geht das frühere Allgemeine, als eigenthümliche Einzelheit in den größern Verein über, und bildet aus den verschiedenen Kreisleben, unter Stammes-Gewohnheit- und Sittengleichen Inwohnern einen allgemeinen Karakter, welcher in der letzten Potenz, dem

Staatsleben, dieses nach den Bedürfnissen der verschiedenen Einzelheiten (Provinzen) bilden hilft.

So entstehen Staaten aus dem fortwährenden Anschließen von Gemeinden. Was vom Aufgeben des Allgemeinen beschränkter Vereine zum Eigenthümlichen und Einzelen der größern gesagt worden, gilt auch vom Staate der als der Zusammenfluß der provinzialen Individualitäten anzusehen ist, und dessen Leben, Verfassung und Kraftentwickelung nur aus dem zweckmäßigen Vereine provinzialer Eigenthümlichkeiten hervor gehen kann wenn er Alle befriedigen und Bestand haben soll. Diese Identifikazion der einzelen Individualiten ist die Idee darauf das Gebäude des Staates errichtet wird. Alles findet seinen Schlußstein und Vereinpunkt in der erhabenen und geheiligten Person des Königs, von dem alle Gnade und alles Recht ausgeht, weil sich alles in Ihm vereinet, und unter dessen schützendem Frieden das Wohl des Staates gedeiht. Darum nagt Er hervor über Alle; denn Ihm wurde das göttliche Vorrecht, allein Gnade zu üben, neben dem menschlichen ertheilt, Recht zu sprechen und den Frieden zu bewahren. — Daher die große unausfüllbare Kluft zwischen Ihm und dem Volke, die Heiligkeit Seiner Person, Sein königliches Ansehn und Seine Macht.

Diese Allgemeinheiten der Provinzen in ein Ganzes, die Idee des Staates, gebracht, (von großen Staaten ist hier nur die Rede, da diese allein ein Recht auf Bestand haben können,*) bildet zugleich das Unterscheid-

*) Bonaparte sagte sehr richtig: Ce sont les grands empires qui prospèrent.

liche und Karakteristische einzeler Staaten, und die Richtung die sie verfolgen, *) woraus der Zweck des Staates klar wird, und wonach über sein Recht auf Bestand entschieden werden kann; denn es ist möglich daß es Staaten gebe deren Prinzip an sich und in den Einzelheiten (Provinzen) so schlecht ist, oder die so böse nachtheilige Geist und Fleisch tödteten Grundsätze entwickelt haben, daß sie darüber das Recht ihrer Existenz, d. h. so wie sie sind da zu stehen unter den übrigen, verlustig gehen. **)

Zweiter Abschnitt.

Verwaltung. Behörden.

Der vorige Abschnitt hat gezeigt wie von dem Familienleben an, bis zum großen Staatsleben, in allen Stufenreihen es Noth thue und natürlich sei das, was veranlaßt und ausgeführt werden soll, von Einem geschehe. Bei den Kirchgemeinden steht zwar keiner an der Spitze; dies Leben ist aber von der Art daß es nicht selbstständig wirkt in sich, sondern nur durch den Kirchspielrath einen Norm aufstellt wonach alle die einzelen Gemeinden unter sich abgesondert verfahren. Für solche Gegenstände die aus dem besondern Bestehen der Kirchgemeinde, als einer zu geistigem Zweck

*) Man brachte was das große Erbe des deutschen Ordens, der darin heimische ritterlich fromme Sinn auf die Entwickelung des preußischen Staates für Einfluß gehabt.

**) Frankreich unter Bonaparte in der letzten Zeit.

vereinten Gesellschaft im Staate hervorgehen, wird, da wo es Noth thut als geschlossene Einheit aufzutreten, das Bedürfniß einen, von denen die berufen sind das Gesamtinterresse der Kirchgemeinde wahrzunehmen, durch gemeinsamen Willen und Vertrauen hinstellen, als Vertreter oder Vorstand. So lange daher gesellige Verhältnisse sich auf natürlichem Wege nach eignem Bedürfnisse entwickeln dürfen, wird man wahrnehmen, daß da wo es ankommt zu Handeln und Auszuführen, Einer stehe; daß aber da wo Berathungen über die Art des Verwaltens oder die Prüfung der Handlungen nöthig sind, Mehre berufen werden zum festsetzen und beurtheilen. Denn, soll die Ausführung, die im Handeln besteht, von Mehren, in eine Gesammtheit (Kollegium) vereint, betrieben werden, so ists natürlich und durch die Erfahrung bewährt, daß solches Handeln langsam und schwerfällig geschehe. Denn bis solch ein Gesammtwille für das Handeln eines Kollegiums entsteht, müssen die Mitglieder versammelt, die Sache vorgetragen berathen und erwogen werden, wodurch oft das Talent der Kleinigkeitskrämerei nur entwickelt und die dem Ausführer gebührende Zeit verlohren wird; die Erfahrung lehrt das überall. Wo aber einer allein dasteht zum Handeln, da muß es besser gehen; denn er hat keinen Rückhalt, keinen Schirm dahinter er seine Hülfbedürftigkeit oder Unentschlossenheit verstecken könne, seine Pflicht stellt ihn hin, auf den Posten den er bewahren muß, um mit seiner Persönlichkeit und mit eigener Kraft allein auszureichen.

Der Gesammtheit Recht ist aber: die Regel festzusetzen wie gehandelt werden soll, und darauf zu sehen daß auch so gehandelt werde, ohne daß dadurch der Handelnde zu sehr beschränkt werde. Eine Instruktion fürs Handeln ist immer unvollständig und kann es nicht anders sein; weil sich die Fälle, die im Gebiete der Möglichkeit liegen, sich nicht von Menschen, wären es auch rechte scharfsinnige Seher, voraus sehen lassen. Die beste Vorschriften fürs Handeln ist immer die alte Sentenz: mitte sapientem et nihil dicas! —

Ferner ist eine geschlossene Gesammtheit nöthig, um das Verfahren des Handelnden zu prüfen, denn sollte das Einer thun, so wurde die Prüfung einseitig sein, und also der Einseitigkeit des Handelnden eine andre persönliche Einseitigkeit entgegen gestellt werden, dadurch die Sache nicht gebessert wird. Bei der geschlossenen Gesammtheit, kommen aus dem Zusammentreffen mehrer eigenthümlichen oder auch nur geborgten Ansichten immer bessere Urtheile heraus. —

Aber auch für die, auf welche sich die Handlungen beziehen, ist es besser daß einer da stehe welcher handelt; sie wissen mit wem sie es zu thun haben, und daß, wenn sie abweichender Meinung mit seinem Verfahren sind, es eine Behörde gebe die ihn richte. Außerdem ist eine klare hervortretende Persönlichkeit mehr geeignet Gegenstand des Urtheils zu sein, als eine in verdunkelte Persönlichkeit vereinte Gesammtheit. Sehen wir in die Geschichte zurück, so finden wir in allen Momenten wo große Thaten vollbracht wurden, Einen an der Spitze. Die römische Republik konnte im Frieden sich mit Konsule behelfen, war Gefahr da so ward ein Diktatrr ernannt; an die Spitze eines Heeres gehört ein Feldherr, der da handelt, ihm zur Seite der Generalstaab, der berathet wo das zuläßig ist, = aber kein Kollegium; vor die Staffelei ein Mahler; die Gruppe des Laokoon konnte mir vor Einem, nicht von einem Kollegio gedacht und entworfen werden: an der Ausführung mogten Gesellen behülflich sein. Was im grossen dringenden Verhältnissen das Beste ist, paßt auch für geringere untergeordnete.

Dadurch aber daß viele da stehen als selbstständig Handelnde, wird noch das Gute befördert, daß die Persönlichkeit einen Werth erhält, den sie darohne nicht haben würde, und daß dieser Werth hervorgerufen wird aus der Menge darin er verborgen liegt, und aus dem Todesschlafe dahin ihn das Kollegiale Offizianten-wesen gewiesen. Geht man in die Geschichte einer kräftigen Zeit, z. B. des Mittelalters zurück, so erblickt man darin viel Persönlichkeiten, wenig Behörden, und was großes damals geleistet wurde, ward von diesen zum Theil gehemmt. Damals standen die Menschen noch um den alten Sprachgebrauch zu bewähren — in ihres selben Schein da, gestützt auf ihre alleinige Kraft; damals galt im Kriege wie im Frieden der Mann seinen vollen Werth und fand Gelegenheit ihn zu erringen. Der Werth der Persönlichkeit ist in so vielen Verhältnissen unter gegangen, daß dadurch das Geschäftleben ein Labyrinth von vorsichtigen Weitläuftigkeiten geworden ist: die Sache ist der Form unterlegen.

In Preußen hat sich die Persönlichkeit noch lange, durch die Regenten, bei der Staatsverwaltung erhalten;

Friedrich Wilhelm I. und Friedrich II. sahen oft noch die Kammerpräsidenten als die alleinigen Stimmhaber in den Kollegien, und die Räthe wie ihre Schreiber an, und damals war Leben in der Verwaltung, es wurde viel gethan, wenig geschrieben. — Wenn man jetzt hört klagen: „Die Geschäfte vermehren sich!" so kann man das damit erklären: daß die Persönlichkeit immer mehr zu Grabe getragen wird, oder sich immer zu verbergen liebt. — Daher der Kanzleigebrauch, statt der Person das von ihr bekleidete Amt zu setzen, selbst da wo nur einer an der Spitze steht, um zu verwalten und zu handeln.

Aus diesem Untergange der Persönlichkeit, und dem dadurch immer mehr verwickelt gewordenem Geschäftsgange ist aber noch ein ander Uebel entstanden, das sogenannte Offizianten-Wesen.

Wenn das, was einer der zur Stelle ist leisten kann, oft unbeschadet seiner gewöhnlichen Beschäftigung, Kollegien übertragen wird, die aus der Ferne einrichten und verwalten sollen, so leidet darunter nicht nur der Gegenstand der Verwaltung selbst, den man entfernt ganz anders betrachtet, oft entgegengesetzt dem wie er wirklich besteht: sondern es werden mehre Personen mit einer solchen Verwaltung beauftragt werden müssen. Da diese nun gar keinen andern Zweck haben als zu verwalten, so werden sie, theils aus Lust zu befehlen, theils aus Langweil veranlaßt werden, ihre Geschäfte über Gebühr auszudehnen, wodurch denn immer mehr Offizianten entstehen. Einige davon werden an Ort und Stelle sein um höhern Orts anzuzeigen das und jenes sei geschehen oder im Werke; dann werden die, denen das gemeldet wird, sich versammeln und die Sache berathen müssen; wieder werden solche nöthig, die diese Nachrichten einsammeln, aufbewahren, und die Verfügungen der Behörden ausführlich darstellen, oder abschreiben, damit sie in der Ferne und am Hauptorte gleichstimmend sind. Zu dem allen wird viel Zeit erfordert, und viele Menschen werden gebraucht werden die das alles nach der Form (dem Geschäftgange), regelrecht betreiben. Oft weis man nicht was man mehr bedauern soll: die Sache die dadurch verzögert wird, oder die Menschen, die dadurch besserer Beschäftigung entzogen werden. Da nun überall eine grosse Masse von solchen Leuten (Offizianten) gebraucht wird, wird sich auch bald im Volke ein Streben zeigen in den Staatsdienst überzugehen, man wird die Kenntnisse die man erlangt hat, die Fähigkeiten die man Gott allein dankt, nur geltend zu machen suchen um darnach in die Reihe der Offizianten aufgenommen zu werden; und so wird der Offizianten-Markt mit Anerbietungen überladen werden, und die nicht gleich unterkommen können, werden, wenn ihre Vermögenlage es ihnen gestattet, unentgeldlich ihre Dienste anbiethen, um nur die Hoffnung zu erhalten einmal in das Geschäftleben des Staates aufgenommen zu werden. — Dadurch entstehen aber zwei grosse Nachtheile für den Staat selbst. Eine Menge nützlicher und geschickter Leute werden den Künsten und den Gewerben entzogen, und einem todten L e b e n geopfert; und die Offizianten, die am Ende einen ordentlichen Stand in dem Staatvereine bilden, und fast nur durch ihr Dienstverhältniß mit dem

Staate zusammenhängen, hören auf sich als Staatsbürger zu betrachten, erheben sich oft im Herrscherdünkel über die, welche eigentliche Ursache des Bestehens der Staaten sind, und entwickeln am Ende, durch diesen Gegensatz und dies Ueberheben, einen Kostengeist, der nur regieren will, und sich darin gefällt, und welcher dem Volksgeiste und Volkswillen und Volksrechte, gegen welche er besteht und ankämpft, entgegen ist. —

Diese, durch ein ausgedehntes Offizianten-System, merkbar gewordenen Uebelstände, finden wohl außer England in allen Staaten, bei der gegenwärtigen Organisation ihrer Verwaltbehörden statt, und drohen einem mehr als nöthig großen Theil seiner geistigen Kräfte, eine Richtung zu geben, die unfruchtbar für das Gemeinwohl wird; und dasjenige Interesse, welches am besten und wohlfeilsten von denen wahrgenommen werden kann, die es zunächst betrifft, wird von andern wahrgenommen, die, ohne oft Theilnahme und festen Verband mit dem Staate zu haben, in ihrem Berufe mehr eine Versorgung als Staatskostgänger erblicken, als eine heilige Auffoderung das Interesse anderer zu vertreten, die es in jedem Falle besser wahrnehmen würden.

Die einzig mögliche Art wie diesem Uebel vorgebeugt werden kann, scheint darin zu bestehen, daß man, wie es die preußische Gesetzgebung der Jahre 1808 und 1809 schon so schön ausgesprochen, fortfahre, den Gemeingeist zu beleben, da die Schranken die ihn fesselten gebrochen sind; daß man Gemeinden und Kreisen ihr altes natürliches Recht gewähre, sich selbst, den bestehenden Gesetzen gemäß, unter Aufsicht und Verantwortung der

Handelnden zu verwalten; und jeder rechtliche Inwohner, den das Vertrauen seiner Mitbürger beruft ihr Vorstand zu sein, diese Pflicht übernehmen dürfe und müsse, die von ihm besser geleistet werden wird, als von jedem Andern der dadurch der Sorge für andere nützlichere Beschäftigung so überhoben wird.

Wenn dabei auch die Regierungen einen Theil ihrer Macht und ihres Wirkens verlieren, indem man bisher annahm: der Landrath führe aus, die Regierung verwalte, der Minister habe die Aufsicht daß alles befohlner Weise geschehe; und nur in der Folge dastehen, als oberaufsehende und kontrollirende Behörden, indem sie die Administration, die für kein Kollegium taugt, aufgeben, so ist für das Ganze daraus kein Nachtheil zu erwarten, sondern der Vortheil, daß die Präsidenten, als Chefs aller Verwaltungen die die Provinz betreffen, dastehen, und unendlich mehr leisten werden, als jetzt im beschränkten Kreise des Wirkens, und daß die Minister dann alle vor ihnen nicht eigentlich gehörenden provinziale Einzelheiten aufgeben, und nur den Staat als ein aus provinzialen Individualitäten zusammengesetztes großes Ganze in ihrem Wirkungskreise zu berücksichtigen haben. —

Dritter Abschnitt.

Gesetzgebung über Kreis- und Gemeinde-Verfassung. Preußische, französisch-westphälische, englische.

Bevor dargestellt werden kann, wie im preußischen Staate mit Erfolg Gemeinde- und Kreisleben und daraus hervorgehende Verfassung sich entwickeln könne, scheint es nöthig zu sein, die Gesetzgebung einzeler Staaten in dieser Hinsicht darzustellen und zu prüfen. — Wir berücksichtigen hier die uns zunächst liegende, noch nicht geordnet dastehende, preußische; die aus der französischen Revolution und ihrer großen Richtung, aber unter dem Drucke der Tiranney gebildete, französisch-westphälische, und die als ursprünglich deutsches Gemeingut sich in 600 Jahren ausgebildete englische Verfassung der Gemeinden und Kreise.

I. Preußische Gesetzgebung.

Ueber diesen Gegenstand bestehen folgende Gesetze: die Städte-Ordnung vom 19ten November 1808, das Edict wegen Errichtung der Gendarmerie vom 30sten Juli 1812. und eine vom Ministerio des Innern entworfene, aber noch des gesetzlichen Vollzugs ermangelnde Instruktion für die Landräthe und die ihnen untergeordnete Kreisoffizianten, die aber gleichfalls fürs Geschäftleben als Norm gilt.

Die Städte-Ordnung entstand in einer der glänzendsten Zeiten der preußischen Gesetzgebung. Die frühere Staatsverwaltung hatte es unterlassen in den

Staat alle die Bedürfnisse aufzunehmen, welche eine Zeit gebot die Einflußreich auf die Verfassung aller Staaten wirken mußte. Die französische Revolution hatte nicht sowohl ein neues System des Kriegführens ausgebildet, als besonders andre moralische und bürgerliche Forderungen geschaffen, die, obschon sie in Frankreich mit Blut als Gesetze geschrieben waren, im wesentlichen so gerecht und jedem Staatenwohle so unbedingt nöthig wurden, daß das Anpassen der Grundsätze, die daraus hervorgegangen, den andern Staaten allein ihren Bestand sichern konnte. — Das Schicksal erreichte den preußischen Staat, weil er stille gestanden war in der Entwickelung seiner geistigen und moralischen Kräfte, und angestanden hatte die neuen Erfahrungen, die wie unbedingte Gebote da standen, in sich aufzunehmen. Daher konnte, als nach dem unglücklichen Frieden von Tilsit der preußische Staat neu hervorgehen sollte aus Brand und Asche, nicht zu dem nun unpassenden Alten zurückgekehrt, sondern es mußte was Neues geschaffen werden, das mit den Forderungen der Zeit übereinstimmte, den König mit dem Volke enge verband, — und die Entwickelung aller moralischen und geistigen Kräfte möglich machte. Das erkannte die damalige preußische Gesetzgebung, und über rauchende Hütten und verwüstete Felder brach die Morgenröthe einer bessern Zeit an, die bald sich in Kraft bewähren sollte. — Die Mißstimmung im Volke, genährt durch den Kampf der einzelen Stände, ward durch die gesetzliche Möglichkeit gehoben, daß Jeder seine Kräfte frei in moralischer und staatsbürgerlicher Richtung entwickeln könne, und der diesem entgegen stehende Zwang der Knechtschaft (Guthshörigkeit) wurde gebrochen; alles konnte jetzt in gleicher Kraft sich in Treue zum Könige und Anhänglichkeit an das Vaterland bewegen. Der Erwerb des Grundeigenthums war nicht mehr an Kasten gebunden; den Bauern der königlichen Domainen das Eigenthum ihrer Grundstücke verliehen, wodurch ein neuer wirksamer Stand — die kleinen Gutsbesitzer (den englischen Freeholders gleich) vorbereitet ward. — So war nun der König alleiniger Herr über seine Unterthanen geworden, und der letzte Rest des Feudalismes zerstört; die Aufhebung der Guthsgerichte, ein Eingriff in die königliche Vorrechte, eingeleitet; das Bestehen von Gesinde-Ordnungen, die den freien Gebrauch der Kräfte hemmen, als unnütz erkannt; dem zu zahlreichen Adel, der früher einige Stellen ausschließend im Staate zu bekleiden berechtigt war, andre Geschäfte und Erwerbarten, für den nun unpaßenden Vorzug zugewiesen, und eine nöthige Reform desselben entworfen; die allgemeine Verpflichtung aller wehrhaften Inwohner des Staats zu dessen Vertheidigung anerkannt, wie die Nothwendigkeit die Aufhebung der Frohndienste möglich und den betheilten Gütherbesitzern unschädlich zu machen; endlich alles was den religiosen Sinn im Volke beleben konnte mit Gemüthlichkeit eingerichtet, und für bessern und zweckmäßigern Unterricht der Jugend gesorgt, und so eine Verfassung vorbereitet, dadurch der höchsten Gewalt ein Mittel gegeben wurde, die Wünsche des Volkes kennen zu lernen und ihren Bestimmungen Leben zu geben. — Eine trübe Zeit hemmte die Entwickelung manches Herrlichen was der Ausführung entgegen sah, und die darauf folgende immer von Noth und Unruhen bewegte Zeit, in welcher die Kräfte des Staates so sehr in Anspruch genommen wurden, konnte nur langsam auf diesem Wege fortschreiten, oft mit Schwierigkeiten. Ihr danken aber völlige Gewerbefreiheit und gleiche Verpflichtung zur Tragung der Staatslasten, ihr Dasein, neben so manchen erhebenden Einrichtungen, die Zeit und geistig Bedürfniß schufen. Die Städte hatten aber ihre Ordnung als Vorgabe vor dem Lande voraus.

Diese Städteordnung, ganz im Sinn und Geiste der großen Entwickelungs-Zeit geschaffen, berücksichtet darin das größere Staatsbedürfniß: Körperschaften, die bereits früher abgeschlossen in sich dastanden, mit größerer regsamer Theilnahme an das eigne einzele und das allgemeine Interesse des Staates zu binden. Hätte die Zeit es damals gestattet, die vielen sich wiedersprechenden Verhältnisse auszugleichen, die unter Landbesitzern bestanden und diese in ein allgemeines Band, das der Kreise, zu verschlingen, so würde der preußische Staat die seegenreichen Folgen davon noch in größerm Maaße empfunden haben, weil mit Gewißheit vorauszusetzen, daß dann die kleinern Städte, vielleicht auch die mittlern, die eigentlich in ihrer Wichtigkeit als Körperschaften aufgehört hatten, mit dem Lande in einen Verband gezogen wären.*) Jetzt wo das nicht sein konnte, wegen

*) Die Bedeutsamkeit der kleinern Städte hat aufgehört, damit ihr Recht als solche zu bestehen; denn was sie ursprünglich sein sollen, die Vermittler des Absatzes der Ackerprodukzion und Versorger der Bedürfnisse der nächsten Umgend sind sie nicht mehr, seitdem der Landmann seine Erzeugnisse in größern Städten absezt, und seine Bedürfnisse von da großentheils

der Schwierigkeiten denen der Entwurf der Kreisordnung, des sich wiedersprechenden Interresses wegen, unterlag, war es nöthig so viel möglich moralische Körper zu bilden, welche selbständig in sich, das Wohl des Staates durch inneres Leben und eine allgemeine gegebene höhere Richtung befördern konnten. — Die Grundzüge dieses, den Gemeingeist belebenden Gesetzes, wie es ursprünglich war, sind folgende:

1. Die Sorge fürs Gemeinwohl ist das Gemeingut aller Bürger die dazu berufen werden, und nicht, wie früher, bloß einzeler Klassen und Zünfte.

2) Der Staat überläßt den Bürgern ganz die Verwaltung ihrer eignen Angelegenheiten, und übt als Schutzherr nur die Oberaufsicht aus.

3) Alles was zur Stadt gehört, nicht bloß was in den Ringmauern liegt, ist Stadt, und hat gleiche Rechte erworben.

4) Die Volkzahl der Städte bestimmt ihre Beziehung als große, mittlere und kleine; die Inwohner sind Bürger und Schutzverwandte; die Eintheilung der Stadttheile geschieht nach der Seelenzahl.

5) Der unbescholtene Ruf ist erfoderlich zum Bürgerrecht und zur Bürgerehre, d. i. der Theilnahme an den Angelegenheiten der Stadt: als Mitglied des Rathes, der Stadtverordneten und als Bezirkvorsteher, und des besondern Rechts persönlich für die Sicherheit der Stadt aufzutreten. Der Bürger darf alle erlaubten

bezieht. Sie stellen jetzt ein unglücklich Mittelding ackerbauender Handwerker vor, und bringen es dadurch in keinem Stücke weiter.

Gewerbe treiben; der Schutzverwandte ist darin billig dem gemeinen Bürgerwillen unterworfen. — Alle Bürger sind gleich in Rechten und Pflichten.

6) Der Magistrat vertritt die ganze Gemeinde und regiert sie; die Stadtverordneten vertreten den Willen der Bürgerschaft, und heiligen die Befugnisse des Magistrats da wo es ihrer Beistimmung bedarf, wie bei Geldanlagen, Leistungen und Lasten die unter die Bürger zu vertheilen; wenn Angelegenheiten des Gemeinwesens berathen werden, und über das gemeinschaftliche Vermögen Rechte und Verbindlichkeiten entstehen sollen u. s. w. Ueberall, wo der Magistrat als ausführende Behörde, die Zustimmung der Bürgerschaft braucht, wird der Bürgerwille durch die Stadtverordnete vertreten.

7) Jeder Bürger ist verpflichtet die Gemeindelasten zu tragen, und sich den Bestimmungen seiner selbst gewählten Vorgesetzten zu unterwerfen; glaubt er sich dadurch verletzt, so steht ihm die Klage bei der vorgesetzten Behörde frei. — Das Strafrecht in Gemeindesachen, in zweckmäßigen Schranken, steht der ausführenden Gewalt, dem Magistrate, zu. Die Zeit seiner Dauer ist beschränkt, durch das Vertrauen der Bürger, und die Macht sämmtliche Mitglieder, auch den Bürgermeister bei der nächsten Wahl zu übergehen.

8) Die Stadtverordnete werden Bezirkweise gewählt aus den Stimmfähigen Bürgern; von jedem Bezirke bewahrt der Magistrat die Bürgerrolle. Sie bleiben drei Jahre in ihrem Posten; jährlich scheidet ein Dritteil aus. Die Wahl wird mit der nöthigen Fei-

erlichkeit vollzogen, auch zugleich Stellvertreter mitgewählt; alles veranlaßt der Rath. —

9) Alle die Aemter, denen der Bürger als Bürger, ohne besondre Kenntniß oder besondre fortdauernde Abhaltung von seinen sonstigen Geschäften, vorzustehen berechtigt ist, werden auch natürlich unentgeldlich verwaltet; daher wird nur der Bürgermeister und Kämmerer in kleinen, in mittlern noch ein Sindikus, in großen, neben dem Ober-Bürgermeister, zwei gelehrte Stadträthe, imgleichen einer fürs Bauwesen, einer als Sindikus und einer als Kämmerer besoldet, deren Dienstzeit, wie die der übrigen, in sechs oder zwölf Jahren besteht, je nachdem mit dem Amte besondre Kenntnisse der Stadtverhältnisse verbunden sind, die ein sogenanntes Hineinarbeiten in ihr Fach nöthig machen. Da sie ihre Anstellung der Wahl ihrer Mitbürger zu danken haben, so ist wohl zu erwarten daß man Taugliche wählen werde; im Gegentheil sorgt dafür das Gesetz. — Die Kosten, welche die Versammlungen und Berathungen des Magistrats wie der Stadtverordneten erfodern, werden aus der Kämmereikasse bestritten, die Besoldeten erhalten ihren Gehalt auch dafür, daß sie kein bürgerlich Gewerbe treiben dürfen. Sporteln werden nicht erhoben und die Schreiberei soll möglichst vermieden werden, wie der böse Umstand naher Verwandschaften im Rathe. — Die Stadträthe werden von den Stadtverordneten gewählt, und die Provinzial Behörde bestätigt die Wahl. Zum Oberbürgermeister schlagen sie dagegen drei Personen vor, daraus dieser durch Landesherrliche Bestätigung ernannt wird. Unter-

bedlente anzunehmen hat der Magistrat das Recht, aber den Stadtverordneten steht es zu erhebliche Ausstellungen dagegen zu machen. Für Pensionirung der Besoldeten, die nicht wieder gewählt werden, ist im Gesetz billige Rücksicht genommen; denn sie haben in der Zeit ihr Gewerbe aufgegeben um für das Wohl der Stadt zu wirken, darum muß für sie gesorgt werden, weil ein Gewerbe zwar bald aufgegeben aber schwerer anzufangen ist, und die Leute alt werden.

10) Neben dem Rathe, der befiehlt was geschehen soll, und den Stadtverordneten welche darauf halten, daß der Magistrat nach dem Willen der Gemeine verwalte und wirthschafte, besteht noch gesetzlich die ganz einzig nützliche Einrichtung der Bezirksverordneten; wonach in jedem Bezirke ein solcher ansässiger Verordnete mit seinem Stellvertreter da steht, der gleichfalls unentgeldlich darauf achtet, daß, was der Magistrat angeordnet, in Vollzug gebracht werde. Sie sind die Treiber welche den Befehlen des Magistrats Leben geben, und was dieser als Kollegium beschließt, einzeln ausführen. Durch ihr rastlos Wirken geschieht es, daß etwas geleistet, und nicht bloß befohlen wird. — Sie sind die wahren Bewahrer des Friedens der Stadt, und die, durch welche der Stadt alles Gute wiederfahren muß, was ihr wiederfahren kann. Aber eben darum, weil von ihnen so viel abhängt, mit zu wenig Vollmacht versehen. Denn der §. 182. setzt fest: daß die Mängel, denen sie nicht abhelfen können, den verschiedenen Kommissionen angezeigt werden sollen, damit denn durch diese das Bessere geschehe. Dies führt nicht zum Ziele

sondern zu weitläuftiaen Erörterungen wohl gar zu Schreibereien. Der Bezirkvorsteher muß, gleich dem Iustices of the Peace oder dem Constable in England, sagen dürfen: „Ich wills, ihr thuts, und wehe dem Ungehorsamen!“

11) Die Polizei wird vom Magistrate, vermöge Auftrags der obern Polizeibehörde, ausgeübt, auch steht es dieser frei, die Polizei durch eine eigne Behörde verwalten zu lassen, die alle Hülfe von der Bürgerschaft zu erwarten berechtigt sein, und von ihr bezahlt wer den soll. —

Dagegen scheint mit Grund manches zu erinnern zu sein. Die Behörde welche die gesammte Bürgerschaft durch freie Wahl beruft, um ihr höchstes gemeinsames Interesse wahrzunehmen, und allen ihren Angelegenheiten vorzustehen: wird auch allemal am meisten geeignet sein, das polizeiliche Interesse besser wahrnehmen zu können, als es durch einen von der obern Polizeibehörde Beauftragen geschieht. — Anderseits ist die Wahrnehmung der Gegenstände welche die Polizei umfaßt, oder die da hineingezogen werden können, so enge mit dem Stadtleben verbunden, daß sie ohne Schaden, Störung und viele uuütze Weitläuftigkeiten und Schreibereien gar nicht davon getrennt werden kann. Keiner ist aber mehr geeignet sich vor Schaden zu hüten, und darauf zu halten daß jede Art Frieden gesichert werde, als die rechtlichen Bürger einer Stadt, welche als solche mehr Ansehn über Gesindel und Störer haben, und die ihr eigen Interesse mehr antreibt auf Ordnung und Frieden zu halten, als das durch andre geschehen kann.*) Darum scheint das Recht auf Ausübung der Polizei, wiel jedes anderen der Stadt zustehenden Befugnisses, lediglich dem Magistrate zuzustehen; der obern Polizeibehörde aber nur die Aufsicht in der Art, wie über alle andere städtischen Verhältnisse. Natürlich ist hier nur von der bürgerlichen, nicht von der Staatspolizei die Rede.

12) Das Gesetz bestimmt ferner diejenigen Verwaltgegenstände die vom Magistrate allein, und die welche von Kommissionen abgemacht werden sollen, an deren Spitze ein Mitglied des Rathes steht. Zu den erstern gehören die Besetzung sämmtlicher Stellen nach vorhergegangener Wahl der Stadtverordneten; das Generelle, und im Einzelen, die zu ertheilende Erlasse auf den Antrag einzeler Deputazionen und Kommissionen; alle Beschwerdesachen die einzele Jnwohner der Stadt, die Verwaltung, oder verzögerte Abmachungen betreffen; die Annahme der Bürger, Führung der Bürgerrollen, Verzeichnung der Grundstückerwerber und Ertheilung von Gewerbkonzessionen, — letztere jetzt mit Rücksicht der spätern Bestimmungen über die Gewerbesteuer; Handlungs-, Strohm-, Schiffarth-, Manufaktur- und Fabrikangelegenheiten und endlich die Kontrolle der öffentlichen Kassen, und alles was sich auf Etat, Rechnungswesen und Beiträge der Bürgerschaft bezieht.

*) Die neuesten Nachrichten aus England bewähren das. Als unruhige Menschen jetzt in London die Ruhe der Stadt bedrohten, und sie sich — was auch ihnen dort zusteht — bis 80,000 Mann stark in Shmitfield versammelt hatten, waren schon früher rechtliche Bürger zusammen getreten um die Versammlung unschädlich zu machen, und 10,000 von ihnen hatten sich als Konstables vereiden lassen.

Den Deputazionen und Kommissionen sind überwiesen, die Externa bei den kirchlichen Angelegenheiten, die Schulsachen, das Armenwesen, die Feuersozietätsangelegenheiten, die Sicherunganstalten als: Nachtwache, Feuerdienst. Löschgeräthe u. s. w., die Sanitätspolizei, die Bausachen, Kassen Kuratel, Servis und Quartier Wesen, alles übrige als Ajusteren der Maaße und Gewichte, Straßenerleuchtung, Stadthof-, Gefängniß-, Zuchthaus-, Arbeitanstalten, Landwirthschaften und Forstwirthschaft der Kämmerei u. s. w. — Den Kommissionen steht zwar nach §. 180. frei, diese Geschäfte an einzele Beauftragte zu übertragen, es ist aber überhaupt die Frage: ob das langsame Verfahren, was der ewige Gefährte aller Kommissionen ist, nicht dadurch abgeändert würde, wenn einer allein einen einzelen Gegenstand oder mehre zu bearbeiten hätte, und ihm dabei frei stände sich Gehülfen unter den Bürgern zu wählen, die, wenn sie nicht bereits in Anspruch genommen, sich des an sie gerichteten Auftrages nicht entziehen dürfen. — Die Verantwortlichkeit des Einzelen würde dann zwar größer sein, aber die theilt auch jetzt die Kommission; und dann würde gewiß nicht nur mehr geleistet, worauf es allein ankommt, sondern mancher könnte seine Persönlichkeit, in schöner Fürsorge für seinen Mitbürger bewähren, durch Uebernahme einzeler Geschäfte z. B. der Arbeitanstalten, Zuchthauspflege, des Armenwesens, und dadurch veranlaßt werden, diesen Gegenstand mit ausschließender Liebe zum Besten der Stadt zu pflegen, statt daß bei einem kommissarischen Geschäftgange, es einer dem andern wie eine Last gewöhnlich zuschiebt.

Dies sind im Wesentlichen die Grundzüge der Städte Ordnung, dazu noch für die Stadtgemeine die Verpflichtung der Erhaltung der Justizbehörde eintritt, wofür ihr wieder sämmtliche Sportule gebühren sollten. —

Dies Gesetz, so ganz geeignet den Gemeingeist, und mit ihm, jede Bürgertugend zu erwecken, hat sich überall bewährt gezeigt, wo die Behörden bemüht waren es zu begreifen und mit Liebe zu befördern. Das ist aber nicht überall so gewesen; manche haben es als Hemmung früherer Befugnisse angesehen, und es wenig beachtet; manche wieder als eine glückliche Entbindung von vorhin mannigfach lästiger Arbeit, und als weiter nichts; da haben sich denn die Bürger von selbst darin finden sollen ohne Leitung, und daraus ist, trotz der Ausführlichkeit, die über die Gesetzform vielleicht hinausgeht, dennoch nur Verwirrung entstanden, und die Leute haben geschrien, daß das Ueble durch die Städteordnung veranlaßt sei, was nicht gekommen wäre, hätten die Behörden sie recht begriffen und ins Leben gerufen. Es ist aber eine üble Sache mit einer gewissen Art von Geschäftleuten, sie lernen ein Gesetz in so ferne verstehen, daß sie im Stande sind es anzuwenden, wenn im vorkommenden Falle eine darauf Bezug habende Sache vorkommt: aber, um nach einem Gesetze Einrichtungen zu treffen die bleibend sein sollen, und von der Art, daß ein Jeder das Gute erkennen und gebrauchen lerne, dazu sind die wenigsten geeignet.

Zu bedauern ist es dennoch immer, wenn man schon das Gesetz nicht überall zu brauchen verstanden, es nur für das Leben von Einzelheiten im Staate, und nicht für das Ganze bestimmt war.

II. Das Edikt wegen Errichtung der Gendarmerie, trägt nur den Namen von einem Institute das in einer drückenden Zeit entstand, und seitdem wenigstens noch nicht allgemeines Zutrauen erworben, oder sich über die Nützlichkeit seines Bestehens öffentlich so gehörig ausgewiesen hat, daß es Jeder als nützlich anerkennen sollte. Aber, abgesehen von diesem Institute, enthält das Edikt manches Gute über Kreis- und Provinzialverfassung was wir hier prüfend darzustellen bemüht sein werden, wenn es schon im Wesentlichen nicht ganz zur Ausführung kam.

Zuvörderst wird mit Recht anerkannt daß Absonderung der kleinen Städte, der Stadteigenthümer, Domänen und ritterschaftlichen Vereine in Gemeindeangelegenheiten schädlich, dem innern Leben hinderlich, und daher die Vertretung derselben nur einseitig sei, darum es nöthig werde alle zu einem allgemeinen Interesse zu vereinen.

Dann wird eine neue Landeseintheilung verheißen, welche erst in den Kreisen im Jahre 1818 beendet ward; das spätere zweckmäßige Bestehen kleinerer Kreisverbände als früher, wird darin angedeutet, und ist jetzt, auch selbst mit Einspruch mancher Kreise, die gern ihr gewohnt Zusammenleben beibehalteu wollten, durchgesetzt worden. Hiernächst wird die Verwaltart der Kreise, und das was dahin gehört angegeben. Sie soll zwiefach sein: die Rechtpflege kommt zweckmäßig unter ein gemeinsam Gericht, die andern Angelegenheiten welche auf Kreisverfassung Bezug haben, werden dem Kreisdirektorio untergeordnet. Dazu gehören:

1) Die Polizeiverwaltung, wo der Kreisdirektor als erste Instanz in Gegenständen der Landespolizei und als Oberbehörde der Lokal- und Gemeindepolizei da stehen soll, und wobei ihm noch außerdem die Aufsicht über Gemeinden und Korporazionen, die der Kirch- und Schulangelegenheiten, des Konskripzions Marsch- und Quartierwesens und die Militärverpflegung im Kreise überwiesen werden.

2) Die Kuratel der Finanz- und Kassenverwaltung aller Staatseinkünfte im Kreise; — zweckmäßiger wohl die Administration selbst unter Kontrolle der Regierung.

3) Die Direkzion der Kommunalverwaltung, eines neu gebildeten Instituts, den französisch-westphälischen Einrichtungen angepaßt, deren Umfang nur angedeutet aber nicht weiter ausgeführt ist, und welche im Allgemeinen Bedürfnisse der öffentlichen Sozietät befriedigen, und die einzelen Gemeinden, wo sie wegen Unvermögenheit nicht aus eignen Mitteln Rath schaffen können, an den ganzen Kreisverband verweiset, wogegen die Städte erster Klasse für sich, als selbstständige Kreise, bestehen sollen. — Alles was sich auf das gesammte Kreisleben bezieht, wie auf dessen Bedürfnisse, soll vom Kreise aus eignen Mitteln beschaft werden. — Diese Einrichtung ist zweckmäßig weil sie die Verwaltung erleichtert. — Um das zu leisten soll der Kreisdirektor künftig bloß Staatsoffiziant sein, umgeben mit Kreisständen, die, unter seinem Vorsitze, diese ihre eignen Angelegenheiten betreiben. Dabei ist nur übersehen, daß die hier be-

stimmte

stimmte Vertretung nicht gleich sein wird, wie es der Zweck des Gesetzes doch will, und die Einleitung ausspricht; denn außer dem, daß dem Kreisdirektor ein sehr großer nicht nützlicher Einfluß auf die Wahl der Kreisstände gestattet ist, setzt der §. 15 fest: daß von diesen sechs Deputirten zwei von den Städten, zwei von den Rittergutbesitzern, zwei von dem Bauernstande gewählt und diese die einzelen Stände vertreten sollen. Da nun in keinem Kreise ein gleiches Verhältniß unter den Grundstücken der Städte, der Ritterguther und Bauern, weder nach dem Flächenraum, noch dem Werthe der Grundstücke oder ihrer Bevölkerungbesteht, so muß daraus nothwendig folgen, daß einer oder zwei Stände im Kreise immer eine unverhältnißmäßige geringere Vertretung haben werden; ein Mißgriff, der bei einem so gerechten Interesse aller am Gemeinde-Wohl nicht gesetzlich eingeführt werden sollte, da er leicht zu vermeiden war.*) — Zu erwägen ist ferner, daß in diesem Gesetze die Ritterguthbesitzer nicht als erster Stand aufgeführt sind; ein Recht das ihnen nach der Verfassung, wenigstens in Preußen, gebührt und das noch nicht aufgehoben ist.

4) Die Handhabung der Exekutionmittel, die durch das neue Institut, die Gendarmerie, künftig allein angewendet werden sollten, das darum nicht hier beurtheilt wird, weil es weder was zum Kreisleben noch zur Kreisverfassung beiträgt. —

*) Dies hat später als auf Grund dieses, Edikts, die ostpreußische Regierung zu Königsberg die Landrathwahlen veranlassen wollte, zu manchen Beschwerden von Seiten der betheiligten

5) Die nöth'ge Kreisrendantur steht unter dem Kreisdirektor in Ansehung der königlichen Gefälle, unter den Deputirten für den Kommunalbedarf.

Das Gesetz selbst enthält fünf Abschnitte, und zwar:

1) Von den Kommunalverhältnissen. Hiernach bleiben die Städte erster Klasse in ihren frühern Verhältnissen wie sie die Städteordnung bestimmt: die andern gehn in den Kreisverband über. — Die Kreisverbände sollen allen den Bedürfnissen genügen, welche

„entweder ihrer Natur nach Lasten des Kommunal„verhältnisses sind, oder vom Staate dafür erkannt werden."

Hierin liegt ein abermaliger Mißgriff, da vom Kreisverbande nur gefodert werden darf, die Leistung dessen was ihm speziell obliegt, denn sonst werden Staats- und Kreisbedürfnisse nicht nur verwechselt, sondern auch die Kräfte eines Kreises dem Staate vorzugweise geopfert, und also gegen alles Recht, die nöthige Gleichheit der Abgaben gestört. Ueberdem wird der Willkühr ein zu freies Feld gelassen, wenn es den Behörden überlassen bleibt, beliebig Staatslasten, die von allen Kreisen gleichmäßig getragen werden sollten, einzelen aufzulegen.

Die aus dem Gemeindeverbande der Kreise nöthig werdenden Arbeiten, dazu die Deputirte, im Nothfall ihre Stellvertreter, auch andre Kreisangesessene, dann

Stände und zu dem Antrage Anlaß gegeben, die Repräsentation so einzurichten, wie sie die, 1813 so herrlich sich aussprechende allgemeine Volkstreue bildete, als man zur Wahl der Kommissionen schritt, denen das Land seinen Ruhm und den schönsten Beweis seiner Treue, die Bildung der Landwehr übertrug.

der Richter, der Medizinal-Beamte, die Gendarmerie-Offiziere gezogen werden, sollen durch Diäten und Reisekosten vergütet werden. Daraus entsteht das Ueble, daß das, was sonst jeder Eingesessene um des Guten willen, und um dem Vertrauen seiner Mitstände zu entsprechen, gethan hätte, jetzt reines Lohnwerk, dadurch das Offiziantenwesen nur noch mehr vermehrt, und alles uneigennützige Interesse am Gemeindewohl gestört wird. Ein Mitstand tritt hiernach als der Sporteler des andern auf, das enge, dem geselligen Leben so nöthige, Band des Vertrauens wird gelöset, und das Gute wird nicht des Guten wegen gethan, sondern aus der gemeinen Rücksicht weils Geld bringt, wo das gar nicht nöthig.

2) Von dem Geschäftkreise der Kreisdirektoren und deren einstweiligen Bestallung. Das Einkommen ist dem Amte angemessen gestellt, denn wer, wie der Kreisdirektor, ein Amt verwaltet, darin er als reinen Staatsdiener auftreten soll, muß möglichst unabhängig da stehen. — Von den Gegenständen der allgemeinen Landespolizei, die er in erster Instanz verwalten soll, sind Landeskulturangelegenheiten und die Regulirung der bäuerlichen Verhältnisse ausgenommen. Der Grund davon ist nicht abzusehen, da der Kreisdirektor die natürliche nächste Instanz für alle Zweige der Verwaltung im Kreise ist, alle Erscheinungen im Kreise, als Behörde, allein vor sich hat, und mit den erfahrensten und kundigsten Männern des Kreises umgeben ist, die ihm helfen sein Amt zu ver-

walten. Darum scheint er auch für diese beiden Geschäfte vorzugsweise geeignet, da es dem Staate nur darum zu thun sein kann, auch hierin nur das Gesetzlich Rechte eintreten zu lassen.

Den Städten bleibt die Lokalpolizei-Verwaltung und der Kreisdirektor mischt sich nur darin, wenn Beschwerden an ihn gelangen, und die Anstalten sich über die Wirksamkeit und den Einschluß der Kommunen, in welchen sie errichtet sind, ausdehnen, als: Strafanstalten, Korrekzionshäuser, Gefängnisse, Kranken- und Armenhäuser, Feuerlöschanstalten im Kreise. Guthbesitzer und Domänenbeamte sollen nur in dringenden Fällen verfügen. —

Das ganze Militärwesen, in so fern die Regierungen damit zu thun haben, wird gleichfalls dem Wirken des Kreisdirektors untergeordnet; aber dem Eingange des Gesetzes entgegen, die Finanz- und Kassenverwaltung in Betreff des Staatseinkommens, auf die bestehende Art verwiesen, wodurch ein Hauptgrund, warum der Kreisdirektor nur als Staatsdiener im Kreise da stehen soll, wegfällt.

Ueber die Kommunalkasse werden zweckmäßige Bestimmungen gegeben, und die Gendarmerie als alleiniges Exekuzions Institut für den ganzen Staat verordnet.

Der Kreisdirektor hat alle Monate die Deputirte zu versammeln, und sich mit ihnen über Verwaltgegenstände zu berathen. — Das soll die Stelle der frühern Kreis- und Provinzial Landtage vertreten, dabei ist aber unberücksichtet geblieben, daß Provinzen auch ein allgemeines Interesse haben, das alle Kreise angeht, und auch allgemein berathen werden muß. wozu eben die Provinzial Landtage dienen.

3) Von der Errichtung der Landgendarmerie.

Dies Institut, welches den Zweck hat, den allgemeinen Exekutor zu machen, soll nebenbei auch nicht nur die Büreaugeschäfte des Kreisdirektors versehen helfen, sondern auch noch den Frieden im Lande bewahren, gleichfalls als privilegirte Behörde, und von den Inwohnern unterstützt werden, um, ohne alles engere Interesse zum Lande und Staate als besoldete Hüter:

„polizeiliche Anordnungen zur Kenntniß des Kreisdirektoriums zu bringen; Verbrechen und Vergehungen aller Art zu hindern; die Sicherheit der Gegend zu bewahren; die Spuren begangener Verbrechen verfolgen; Vergehen gegen die Kreispolizei und fiskalische Verbote aufzunehmen und anzuzeigen; stehende Wachen zu polizeilichen Zwecken abzugeben, oder die Verbindung zu machen; alle unter sicherm Geleit gestellte Personen zu begleiten; alle Exekutionen zu vollstrecken; gegen Abgabedefraudationen zu wachen und Desertion zu verhüten. Dadurch ist die Abwehr der Staatsbürger selbst gegen Schaden und Gefahr untersagt, die wohl da wo sie zulässig, als die zweckmäßigste auch wohlfeilste Weise sich bewähren möchte.

4) Von der Verstärkung der Exekuzions-Mittel.

Wenn Gefahr im Verzuge, ist die Gendarmerie befugt Bezirks- und Gemeindevorsteher zur Unterstützung aufzufodern, wo das nicht der Fall, soll sie sich deshalb an den Kreisdirektor zu wenden, dem überlassen bleibt entweder Gemeinden aufzufodern, oder Militärhülfe — die nicht verweigert werden darf — aufzubieten.

5) Subordination und Disziplin.

Die Kreisdirektoren dürfen die, welche ihnen amtlich untergeordnet sind, auch die Gendarmen, bis 20 Rthlr. in Strafe nehmen; die Kreis- und Oberbrigadiers müssen darauf sehen, daß die Strafe bei den Gendarmen schnell in Vollzug gebracht werde; — im Weigerungsfall wird an die Regierung berichtet. Die Militärverhältnisse der Gendarmerie gehören sehr zweckmäßig vor ihre Chefs, da die Subordinations Verhältnisse militärisch sind.

Vorläufiger Entwurf einer Instrukzion für die Landräth'e und die ihren untergeordneten Kreisoffizianten

(Als folge der neuen Organisation für die Staats- und Provinzial Verwaltbehörden vom Königl. Ministerio des Innern im Jahre 1817 gegeben.)

Weil das Gesetz über die Einführung der Gendarmerie rc. wegen der Folgezeit nicht zur Ausführung kam, indem alles auf das Kommunalwesen Bezug habende unterblieb, daraus aber viel Schwanken und Ungewißheit entstand, so erachtete das Königliche Ministerium es wahrscheinlich für nöthig, für die Landräthe als Polizeiverwalter bestimmte Grundsätze aufzustellen, wonach sie zu verfahren hätten.

Dieser Entwurf der das Verfahren der Landräthe in dieser Hinsicht bestimmen soll, enthält im Wesentlichen folgendes:

1) Die Erfordernisse dessen, was vor einem Landrath gefodert wird und ihre Stellung zur Regierung

2) Seinen Geschäftskreis; dahin wird gerechnet:

a) die Gewerbe-Angelegenheiten im umfassendsten Sinne; so wohl auf dem Lande als in den Städten.

b) Aufsicht und Kontrolle über das Regalien- und Abgabe-Wesen.

c) Kuratel über die Kreiskasse.

d) Die allgemeinen Verwaltung- und Landespolizei Sachen in so fern sie Bezug auf seinen Kreis haben.

3) Das Verhältniß des Landraths zu den Kreisständen wird näheren Bestimmungen vorbehalten; und ihm als unmittelbare Gehülfen der Kreis-Sekretär, die Kreisbothen und Kreisausreuter zugeordnet; deren Verhältnisse bestimmt, davon die letztern einstweilen durch die Gendarmerie vertreten werden sollen; gleichmäßig wird sein Verhältniß zu den Offizianten der Kreiskasse und den Kreisphisiker und Chirurgen festgesetzt und deren Geschäftskreis bestimmt.

4) Wird festgesetzt daß; „in den Städten die Magistratsdirigenten, auf dem Lande wo das guthsherrliche Verhältniß nicht mehr besteht, die Schulzen und Gerichtmänner, wo es noch besteht, „außer den Gemeindeschulzen noch die Guthsherren in den Gränzen ihrer Feldmark" als die untergeordneten Gehülfen des Landraths anzusehen sind; daß Schulzen und Gerichtmänner zwar von der Guthsherrschaft an- und abgesetzt, aber das nur mit Vorwissen und Genehmhalten des Landraths geschehen solle. Uebrigens werde die Polizeigewalt der Ortsobrigkeiten nur als vom Landrath delegirt ange-

sehen, so daß sie sofort da, wo er zur Stelle ist, aufhört, und der Landrath dann allein zu befehlen haben soll."

Dieser Bestimmung anscheinend entgegen sind die im allgemeinen Landrechte Theil 2. Tit. 89. Abschn. 3 und 4 enthaltenen Bestimmungen über die Verhältnisse der Herrschaft gegen ihre Untersaassen, eben so wie die Anordnung die der Entwurf in §. 25. enthält: durch monatlich zu haltende Versammlung der Schulzen Bericht von dem Zustande der einzelen Gemeinden seines Kreises zu empfangen, und ihnen seine Aufträge und Anordnungen zu übertragen, ebenfalls gegen die angeführte und im Gebrauch stehende Gesetze spricht. Abgesehen davon, daß derjenige Landrath, der darnach handeln würde, wohl nur selten auf das allgemeine Vertrauen der Kreisstände Ansprüche haben dürfte, das er zwar zu seinen Ausführungen, da er in der Gendarmerie Zwangsmittel findet, nicht braucht, dagegen aber den sehr großen Nachtheil veranlassen dürfte, daß die Inwohner des Kreises selbst, zu der ihnen am nächsten stehenden Behörde, die, weil sie ihnen so nahe steht, gerade am meisten auf sie einwirken kann, selten ein allgemein Vertrauen fassen werden, da sie dann nur das Prinzip der absoluten Macht verfolgt. Und was sich allein kann ein Landrath wirken, der nur Vollmacht stellt und mit ihr allein dasteht?

5) Soll der Landrath zugleich den Intendanten der Domänenämter vertreten; das würde unpassend sein, da dieser nur der Aufseher ist über die Untersaassen die auf Gründen, welche Privat-Eigenthum des Königs sind, folglich nur Verwalter ohne Bezug auf den Staat. Der Landrath ist aber in jedem Bezug Staatsbeamter, und

es würde ihm, in dem nöthigen Ansehn, den sein Amt erfordert, schaden, wenn er nebenbei noch mit andern dienstlichen Verhältnissen, die ihn niedriger stellen, als die stehen, über welche er hier gebieten soll, rein belastet würde. — Ueberdem dürfte er dazu keine Zeit haben, da er höhere Zwecke zu erreichen hat.

6) Das übrige was dieser Entwurf darbietet, betrifft die Strafen dazu der Landrath befugt §. 27.; die Art wie er sich benehmen soll §. 28.; welche Theilnahme die untern Volksklassen verdienen §. 29.; wie er auf das Betragen der Kreiseingesessenen sehen solle §. 36. imgleichen auf Fremde §. 37.; was er in Rücksicht der Feuer-, Sanitäts- und Medizinalpolizei zu beachten, und in Rücksicht der Militärangelegenheiten die vor ihm gehören, zu thun habe. — In allem diesem ist nichts Neues enthalten, und von jedem ordentlichen Landrathe zu erwarten, daß er das alles wisse und ausführen werde.

So steht die preußische Gesetzgebung in Rücksicht alles dessen, was sich auf Kreis- und Gemeindeleben und Verfassung bezieht, noch sehr unvollständig da; weil dies aber in so großem wesentlichen Zusammenhange mit dem gesammten Staatsleben steht, das nur von ihm ausgehen kann, und welches als dringend nothwendig anerkannt wird, so ist es wohl sehr nöthig, daß dieser Zweig der Gesetzgebung bald vervollständigt werde.

II. Französisch-westphälische Gesetzgebung.

Ohne uns auf den gewaltthätigen Ursprung oder die Quellen der Gesetzgebung des ehemaligen Königreichs

Westphalen einzulassen, kommt es hier nur an das, was sich auf Kreis- und Gemeinde-Verfassung bezieht, daraus prüfend zu erwähnen.

Nach der durch fremde Macht gegebenen Konstituzions-Urkunde vom 7ten Dezember 1807, die im Ganzen, außer dem Aufdrängen fremder Persönlichkeit und dem Raube der Hälfte der Allodialdomänen der ihrer Länder beraubten Fürsten, manches Zweckmäßige enthält, soll das Königreich in Departementer, und diese in Distrikte getheilt werden, deren Unterabtheilungen Kantone sind, die sich wieder in Munizipalitäten absondern. — Dadurch kann eine allgemeine Theilnahme am Gemeinwesen entstehen, (insofern sie nicht von oben herab durch Einrichtungen gehemmt wird,) die aus dem natürlichen Gesellschaftverhältniß entspringt. Als Vorstände dieser Landestheile werden Präfekten, Unterpräfekten mit einem bei geordneten Rathe angesetzt und für die Munizipalitäten ein Munizipalrath bestimmt.

Den nähern Kreis des Wirkens aller dieser Autoritäten, insofern sie sich auf inneres Staatleben beziehen, darauf es hier nur ankommt, enthält theils die Verwalt-Ordnung vom 11ten Januar 1808, theils das Dekret vom 27ten Januar 1808, das besonders die Verhältnisse der Friedensrichter bestimmt, und mehre nachfolgende Verordnungen, nur für einzele Fälle gegeben, welche in den Gesetzbülletins enthalten, und in der sehr sorgsam gearbeiteten Instrukzion des Minister Simeon für die Präfekten ausführlich und klar dargestellt sind. —

Die Departementer oder Provinzen willkührlich ohne Beachtung des angewohnten Verhältnisses bestimmt, enthal-

200,000 bis 250,000 Inwohner auf verschiedener Fläche; die Distrikte selten unter 50,000 Inwohner, welche in 10 — 20 Kantonen und eine verhältnißmäßige Zahl von Munizipalitäten vertheilt sind; so daß der, welcher ein Land nur wie eine geometrische Fläche, und die Inwohner wie eine Zahlenmasse betrachtet, die nur in ziemlich gleiche Theile vertheilt werden sollen, um bequem beherrscht zu werden, nichts dagegen einwenden kann. — Erst später wurden Kantone zu Kreise zusammengeworfen, die etwa 20,000 Seelen enthielten, doch nur in Betreff der direkten Steuereinnahme, so daß im Wesentlichen diese Eintheilung verblieb.

1. Departemental-Behörden und Verwaltung.

Der Präfekt ist umgeben mit einem Rathe der aus 15 — 20 Mitgliedern besteht, einem General-Sekretär und einem General-Departementrathe; er steht an der Spitze der Departement Verwaltung in den Gegenständen, die sich beziehen: auf öffentlichen Unterricht, Wohlthätigkeits-, Armen-, Besserung- und Strafanstalten, Gewerbpolizei, Erhaltung des öffentlichen Eigenthums und das der Gemeinheiten: als Wälder, Wege, Flüße, Anlage von Kanälen und Straßen*); die Externa des Gottesdienstes; Gesundheits- und Sicherheitspflege; die Bildung und der Gebrauch der Milizen und Nazionalgarden, sofern sie nicht in Requisition oder auf den Kriegsfuß gesetzt sind; gemeinschaftliche Theilnahme mit dem Kriegsminister an dem Einquartiren, Kaserniren

*) Was ihm später abgenommen und unter einem General-Baudirektor gestellt ward.

und Verpflegen der Truppen im Departement; führt die Listen und veranlaßt das Ausheben der Konskribirten; die Vertheilung der Grundsteuer; Aufsicht auf die Erhebung der indirekten Steuern und deren vorkommender Erlaß; Disziplin der Steuerbeamten und Berichtigung der in jedem Departement auf den Steuer-Ertrag angewiesenen Ausgaben. — Mit der eigentlichen Finanzverwaltung und Administrazion hat er nichts zu thun.

Der Präfekturrath entscheidet: über eingebrachte Gesuche um Entbindung oder Vermindern der direkten Steuer; über alles was sich dem Erhaben der indirekten entgegen stellt, auch über Defraudazionen, Gesetzübertretungen u. s. w., in welchem Falle derselbe auch die Strafen festsetzt, wenn ihre Festsetzung nicht vor das Kriminalgericht gehört; über die Streitigkeiten die im Vollzug der Kontrakte über öffentliche Arbeiten entstehen; über Reklamazionen von Privatpersonen wegen Schäden, verursacht durch die Unternehmer öffentlicher Arbeiten, auch über dergleichen Entschädigungsgesuche; über die Hindernisse die sich der Anlage von Kommunikazionen entgegen stellen, und über die Gesuche der Korparazionen vor Gericht auftreten zu dürfen.

Der Präfekt darf den Sitzungen des Präfekturrathes beiwohnen, dieser braucht zum Beschließen die Gegenwart von wenigstens drei Mitgliedern.

Abgesehen davon daß es besser wäre, wenn der Präfekt als Präsident des Präfekturrathes dessen Arbeiten leitete, tritt hier eine richtige Vertheilung der

Arbeiten ein; denn der Präfekt handelt, das Kollegium erwägt und beschließt.

Der General-Departementrath ist nicht ständig, sondern versammelt sich nur einmal im Jahre, und darf nicht über 14 Tage zusammen bleiben. Er erwählt aus seiner Mitte den Präsidenten und den Sekretär, und vor ihm gehören: die Vertheilung der direkten Steuer auf die Departementalbezirke; die Verfügung auf die von den Unterbehörden eingehende Gesuche um Verminderung der Steuer; Festsetzung der Zahl der Zulag-Zentimen, die zur Bestreitung der Departements Ausgaben nöthig sind; Abnahme der Rechnung des Präfektes über die Verwendung dieser Zulag-Zentimen; freie Erklärung über die Lage und Bedürfnisse des Departements, wenn ihm dazu noch Zeit übrig bleibt.

Zum Berathschlagen sind Zweidrittheile der Mitglieder nöthig. Eigne Verwaltnormen darf er unter keinem Vorwande machen.

2. Distriktsbehörden und Verwaltung.

Der Unterpräfekt steht in gleichen Verhältnissen zum Distrikte als der Präfekt zum Departement, gleich diesem sind ihm beigeordnet, der Sekretär der Unterpräfektur und der Distriktrath. Er steht als Verbindung da zwischen den verschiedenen Munizipalitäten und dem Präfekten, indem er die Gesuche jener mit seinem Gutachten begleitet, diesem zufertigt und was der Präfekt als Entscheider noch nicht klar findet, auf Erfodern desselben, erläutert. Uebrigens darf der Unterpräfekt weder eigenmächtig handeln, noch Instrukzionen über den Vollzug der Gesetze verlassen, außer mit Genehmhalten des Präfekts und in den einzelen Fällen wo die Gesetze dies gestatten.

Der Distriktrath versammelt sich im Jahre zweimal, vor und nach der Zusammenkunft des Generaldepartementraths. Die Zeit seines Zusammenseins ist gleichfalls auf 14 und 10 Tage beschränkt; ebenfalls eine sehr willkührliche Bestimmung, die die Versammlung abhalten muß, alles was dem Distrikte frommt, zur Sprache zu bringen. Aus seiner Mitte ernennt er gleichfalls einen Präsident und Sekretär. — Seine Geschäfte in der ersten Sitzung bestehen: in Abnahme der Rechnung des Unterpräfekten über die ihm zur Bestreitung der Distrikt-Ausgaben zugestandenen Gelder; in dem mit Gründen unterstützten Gutachten über die von Gemeinden eingekommene Gesuche um Niederschlagen oder Mildern der Steuern; schriftliche Darstellung der Distriktbedürfnisse welche der Präfekt dem General-Departementrath vorzulegen hat. — In der zweiten Sitzung hat er den Betrag des direkten Steuerbetrages die Städte, Flecken und Dörfer des Distrikts zu vertheilen.

In den Distrikten die zugleich Hauptorte der Departementer sind, versieht der Präfekt die Stelle des Unterpräfektes.

Dem Sekretär des Unterpräfekts ist das Archiv und die Leitung der Büreauarbeiten der Unterpräfektur übertragen; im Falle der Unterpräfekt krank ist versieht er dessen Stelle; außerdem unterzeichnet er die Ausfertigungen und steht dem Unterpräfekten in allen Verhandlungen, die sich auf seinen Geschäftkreis beziehen, fast kontrollirend zur Seite.

3. Munizipalbehörden und Verwaltung.

Die Munizipalitäten werden verwaltet durch den Maire, dessen Adjunkten, die nach Verhältniß einer Bevölkerung von 2500 — 20000 Seelen, zwischen einem und vieren bestimmt, und im letztern Falle noch durch mehre höchstens drei Polizeikommissare vermehrt sind, und dem Munizipalrathe.

Der Maire verwaltet allein, die Adjunkten nur in Auftrag desselben, und, in Krankheitfällen, der im Erneuerungdekret Erstbenannte. Seine amtlichen Verhältnisse unter Aufsicht des Präfekts und Unterpräfekts bestehen: in Verwaltung der, der Gemeinde zustehenden Grundstücke und Einkommen; im Bestreiten der Ausgaben welche auf die Gemeindegelder, nach dem vom Präfekte festgesetzten Etats angewiesen sind; Leitung und Vollzug der der Gemeinde auferlegten und vom Munizipalrathe regulirten öffentlichen Arbeiten; Verwaltung der öffentlichen Anstalten welche die Gemeinde aus ihren Mitteln zu bestreiten hat, oder die zum Besten ihrer Mitglieder gestiftet sind; Polizeipflege, besonders mit Rücksicht auf Gesundheit, Reinlichkeit, Sicherheit und Ruhe, so öffentlich als in den Häusern.

In Auftrag des Präfekts oder Unterpräfekts kann er noch beschäftigt werden, mit Vertheilung der direkten Steuer unter die Einwohner seiner Gemeinde, der Versteigerung der Erhebung derselben; der Aufsicht über die Erheber und dem Einzahlen der Steuern in öffentliche Kassen; der unmittelbaren Leitung der öffentlichen Arbeiten auf dem Gemeindegrunde; der Verwaltung der dem öffentlichen Besten gewidmeten Anstalten; der Aufsicht über das öffentliche Eigenthum, und den dabei vorkommenden Geschäften; der speziellen Aufsicht über Ausbesserung und Neubau der zum Gottesdienst bestimmten Gebäude; den Maaßregeln die das Durchführen des Konskripzionsgesetzes nöthig machen.

Der Munizipalrath besteht in den Städten, Marktflecken oder Orten, welchen eine eigne Munizipalverwaltung zugestanden ist. Die Zahl seiner Mitglieder bestimmt die Zahl der Einwohner des Ortes, die mindeste ist auf acht, die größte auf zwanzig bestimmt. — Der Maire ist gesetzlich Mitglied und Vorstand des Munizipalrathes, der einen seiner Mitglieder zum Sekretär ernennet. — Der Munizipalrath darf zehn Tage versammelt bleiben, als Geschäftskreis ist ihm überwiesen: Abnahme der vom Maire abgelegten, und vom Unterpräfekten abgeschlossenen, Rechnung über die Munizipal-Einnahme und Ausgabe, wobei der Maire nicht gegenwärtig sein soll; Festsetzung wie der Ertrag von den Holzschlägen, Weiden, Erndten und andern Früchten, die Gemeindegut sind, vertheilt, und die Gemeindebedürfnisse bestritten werden sollen, desgleichen über die Anleihen, Oktrois und Zulag-Zentimen, die wegen der ortlichen Bedürfnisse nöthig werden; Vertheilung der zur Bewahrung des Eigenthums den Einwohnern zustehenden Arbeiten.

Außer diesen gewöhnlichen Sitzungen, darf ihn der

Befehl des Präfekts außerordentlich zusammenberufen, wenn es darauf ankommt über Kauf oder Verkauf von unbeweglichem Eigenthum zu verfügen; über die Verwendung der daraus gelöseten Summen oder rückgezahlter und und beigetriebener Gelder Rath zu halten, oder über Prozesse zu rathschlagen. — Solche Zusammenberufungen werden durch das Gutachten der Unterpräfekten bedingt.

Alle mit der Verwaltung beschäftigten Mitglieder, selbst die welche eigentlich beauftragt sind, die Gemeinden u. s. w. zu vertreten, werden vom Könige ernannt.

Diese Einrichtung die geschlossen da steht ist sehr wesentlich von der preußischen verschieden. Die Präfekten haben weder mit den eigentlichen Konsistorial- noch mit den Finanzsachen zu thun, sondern nur die Ausführung der aus dieser Leitung hervorgehenden Maaßregeln zu unterstützen, und stehen im eigentlichsten Sinne als Polizeibehörden da. — Durch die Errichtung der General- Departement- Distrikt- und Munizipalräthe ist den Inwohnern zwar eine Theilnahme an der Verwaltung des sie zunächst betreffenden Gemeinwesens gestattet, dasselbe aber in Ansehung der Gegenstände die sie berathen dürfen wie in der Zeit beschränkt. Diese ist so enge abgemessen, daß für die Wünsche und das Bedürfniß der Gemeinden fast keine Zeit erübrigt werden kann, und so stehen Institute beinahe wirkunglos da, welche unter andern Verhältnissen, und wenn sie das Recht hätten die Mitglieder ihrer Vertretung selbst zu wählen, allerdings wohlthätig in das öffentliche Leben eingreifen würden. — Das einzig wahre Gute das aus dieser Einrichtung hervorgeht, ist, daß die Inwohner wenigstens, durch die zahlreiche Theilnahme an diesem Verwaltzweige, und den andern die sich auf das Steuerwesen beziehen, über ihr Verhältniß gehörig ins Klare kommen, und jenachdem sie angestellt sind, beschränktere oder allgemeinere Ansichten von den Verwaltgegenständen erhalten. — Dagegen kommt noch zu den gerügten Uebeln das hinzu, daß weil alle und jede Theilnahme am Gemeinwohl und Gemeindeleben bezahlt wird, aller wahre Bürgersinn zu Grunde geht, und in ein Kommunaloffizjantenthum ausartet, das in Ansehung der Kosten gefährlicher ist, als jedes andre, wo Gehalte für immer feststehen; da hier Verwandschaft, Freundschaft, Ansehn und dergleichen Motive dazu beitragen die Lasten der Gemeinden immer höher zu stellen. Alles Gemeindeleben wird nur dann wirklich von Nutzen sein, wenn die, denen die Leitung desselben übertragen ist, ganz den Werth und den Vorzug erkennen, damit ihre Mitbürger sie ehren, indem sie ihnen die Leitung ihres Wohls übertragen, und aus diesem Erkennen sich freudig einer Pflicht hingeben, die nur so lange ehrenvoll für sie sein kann, als sie es des allgemeinen Besten, und nicht des Lohns wegen thun, — und das hat die preußische Städte-Ordnung wohl berücksichtet. —

Bevor wir uns von der westphälischen Gesetzgebung zur englischen wenden, ist es noch nöthig einige Institute zu berücksichten, die in mehr oder mindern Bezug mit den bereits erwähnten stehen. — Dahin rechnen wir:

1) Die Friedenrichter, sie sind durch das Ge-

setz vom 27. Januar 1808, welches die Verfassung der Gerichthöfe enthält, eingeführt. Darnach soll in jedem Kantone ein Friedengericht bestehen, das aus dem Friedenrichter, zweien Gehülfen und einem Schreiber zusammengesetzt ist. — Dasselbe erkennet in allen persönlichen und sachlichen Klagen bis auf den Betrag von 74 Franken (20 Rthlr.) ohne Appellazion, mit Appellazion bis zur Summe von 148 Franken (40 Rthlr.) doch in der Art daß, der Appellazion ungeachtet, seine Erkenntnisse vorläufig gegen Kauzion vollzogen werden. Bei dem Betrage von 20 Rthlr. ist eine Appellazion zuläßig bei Gegenständen die Bezug haben: auf Entschädigungklagen eines von Menschen oder Vieh an den Feldern, Erndten oder Früchten angerichteten Schadens (peculium;) auf Gränzstreit und Benutzung der Acker und Gewässer; auf die Verhältnisse die aus Pacht, Miethe, Lohn und persönlichen Beleidigungen hervorgehen. Der Friedenrichter darf ferner Ver- und Entsiegelungen vornehmen, Notoritätscheine (die nach dem Kodex Napoleon Geburtscheine vertreten) ausstellen, Inventarien über das bewegliche Vermögen und die Papiere eines Abwesenden, Einwilligungen über Annahme an Kindesstatt und Pflegekinder, und Bestallungen von Vormundschafen aufnehmen; darf den Familienrath, darin er jedesmaliger Vorsitzer ist, zusammenberufen, damit die Vormundschaft eingeleitet werde, und muß Klagen und Spuren von Verbrechen und öffentlichen Schaden aufnehmen und nachspüren. Nach spätern Bestimmungen haben sie noch da wo Feuer entstanden, darüber eine Verhandlung aufzunehmen, und im Fall Assekurazionen da sind, nach dem der Betrag des Schadens von ihnen ermittelt, den Kantoneinnehmern diesen anzuzeigen, damit er im Kantone beigetrieben werde; die Sporteln, welche aus ihrem Verfahren aufkommen, und früher der Gemeinde zukamen, haben sie unter sich und dem Schreiber zu $\frac{2}{3}$ und $\frac{1}{3}$ des Betrags zu vertheilen; sich eigne Gerichtbothen selbst zu wählen, gegen welche aber die Tribunale nichts einzuwenden haben müssen; den Diensteid der Konsumzionssteuer-Beamten, da wo kein Distrikttribunal ist zu empfangen; die auf Messen unter Handel und Kaufleuten entstehende Streitigkeiten ohne Appellazion bis zum Betrage von 40 Rthlr. abzumachen, wie denn auch ihre Urtheile in Sachen die einen Werth von 80 Rthlr. erreichen ohne Kaution vollzogen werden können. —

Das königliche Dekret vom 21 Juli 1809 bestimmt die Sporteln, welche die Friedenrichter zu nehmen befugt sind, es enthält 62 Fälle und Sportelsätze.

Aehnliche Friedengerichte sind im Großherzogthum Posen durch das Gesetz vom 9. Februar 1817 über die Justizverwaltung daselbst eingeführt und in den §§. 71 — 137 enthalten.

Wenn die Friedensrichter schon ihrem Namen nicht entsprechen, so sind sie doch auch in diesem beschränkten Kreise des Wirkens sehr nützlich, indem sie für geringfüge Sachen den Inwohnern des Kantons gleich Recht in der Nähe schaffen, überdem aber als eine öffentliche bewährte Person erscheinen, die Beglaubscheine ausstellen dürfen. Uebel ist es auch hier das sie auf Sporteln neben dem bereits bedeutenden

Gehalte stehen, das von 200 bis 300 Rthlr. steigt; dadurch werden sie bemüht sein, die vor ihnen kommenden Sachen über Gebühr weitläuftig zu machen, weil sie dadurch vortheilen, und statt zu wirken ihr Interesse wahrnehmen. — Was des allgemeinen Besten wegen geschieht, dazu jeder gegen seinen Nebenmenschen so viel Aufforderungen hat, sollte seinen Lohn nur im Gefühl des Guten, das durch ihn geschaffen wird, finden, und in der daraus entspringenden zuneigenden Achtung, und nicht im Lohne, am wenigsten aber sollten Gesetze dazu auffordern.

2) Departamental Kompanien durch das Gesetz vom 8. Dezember 1808 errichtet. Ihr Zweck ist unter dem Befehl des Präfekten die Polizei zu handhaben, auch öffentliche Kassen, Anstalten, Magazine und Gefängnisse zu bewachen. Die Departementer unterhalten und besolden sie; die Bewaffung giebt der Staat; — Der König ernennt die Offizière die der Kriegsminister ihm aus den alten in gutem Rufe stehenden vorschlägt; der Kriegsminister wählt die andern auf dem Vorschlag des Präfekten, aus den verheuratheten Unteroffizieren und Gemeinen welche den Dienst verlassen, einen festen Wohnsitz erlangt, und einen unbescholtenen Ruf erworben haben. Die Stärke von 50 Mann in allen Graden ist für eine Bevölkerung von 250,000 bis 300,000 Einwohner, die das Departement enthält nicht zu stark noch Besorgniß erregend, der Sold nicht zu hoch. Quartiere erhalten sie nicht angewiesen weil sie ansäßig sind. Als Ersatz der Gendarmerie würden sie nützlich sein, hier bestehen sie neben ihr, wenn keine andre Mittel

wären gleiche Zwecke zu verfolgen, als dies, das wenigstens keine despotische Maaßregel durchführen wird, da die Zahl derselben zur Zahl der Inwohner wie 1 zu 5—6000. Vor den Kriegsminister gehört aber das ganze Institut gar nicht, denn frühere soldatische Verhältnisse kommen hier nicht in Betracht.

3) Die Gerichtbothen durch das Dekret vom 11. März 1809 ernannt, sind Justizbediente, deren Zweck ist, Partheien vor Gericht zu laden, richterliche und andre Aufträge die eine bestimmte Autentizität haben sollen, desgleichen Urtheile und Urkunden an die Betreffenden abzugeben und zu vollziehen. — Sie sind allen Gerichten auch den Friedengerichten in verhältnißmäßiger Zahl beigeordnet, müssen erprobt zuverläßige Leute sein, und nicht mit ihrem Amte unverträgliche Gewerbe als Schankwirthschaften treiben, oder Schließer, Gefangenwärter u. s. w. sein.

Die nützliche Eigenthümlichkeit dieser Verfassung ist die, daß jede Gemeinde vom kleinsten bis zum ausgedehntesten Verbande, ihren eignen Bedürfnissen vorsteht, die Kosten ihrer Verwaltung aus eignen Mitteln bestreitet, und die Staatsbedürfnisse eben so vereinzelt aufbringt. Daher jeder Kanton und jede Munizipalität für die direkte Steuern im Ganzen verpflichtet sind, welche die Staatsverwaltung nur ausschreibt und auf die Departements vertheilt. — Alle mit Erheben Beauftragte müssen Kauzionen stellen, die, wie das der Staatsverwaltung klar liegende Eigenthum der Gemeinden, in Westphalen noch weniger als in Frankreich, dadurch eine große Hülfe bei den vielen Geldverlegenheiten geworden sind, daß man die erstere frei benutzte, die letztere verkaufte, und den Gemeinden durch Inskripzionen in das grose Buch, eine Entschädigung gewährte die die Verluste nicht berücksichtigte, die aus dem Steigen der Bodenrente und dem Fallen des Geldpreises entstanden. — Das war aber Folge groser Willkühr.

3. Englische Gesetzgebung.

In England ist die innere Verwaltung ganz anders als in den übrigen europäischen Ländern, da giebts keine Büreaus, keine Landes- und Provinzialbehörden, sondern nur einzele Leute, die Ausnahmeweise an einigen Orten besoldet werden, und für alles sorgen, was sonst von großen zahlreichen Kollegien geleistet wird. Ohne daß man gerade merkt, daß regiert oder verwaltet werde, bewegt sich dort alles in gesetzlichen Schranken, die dem Ganzen wohlthuend sind. Die Persönlichkeit hat dort, auch in diesem Bezuge, ihr volles Recht behalten, und darum gedeiht daselbst ohne künstliche Pflege Volksgeist und Nationalsinn, vorzugweis vor andern Ländern. — Die dortige Einrichtungen haben sich in und mit der Zeit gebildet zu dieser Vollkommenheit, dazu die Magna charta (greath charter) unter Johann 1215 den ersten Grund legte. — Die Angelegenheit der Sicherung des Friedens im umfassendsten Sinne, ist dort seit so langer Zeit Eigenthum der Inwohner geworden, daß es zu verwundern, warum der Kontinent so lange angestanden habe, sich die Vortheile anzueignen welche die dortige Verfassung gewährt.

Einzele Personen sind es daher allein, die auf die

allgemeine Verwaltung Einfluß haben, und darin als Mittelpersonen zwischen König und Volk stehen, und zwar:

1) Die Lordlieutenants die vom Könige, für jede Grafschaft einer aus der Zahl der bedeutendst angesessenen Guthbesitzer ernannt werden, welche die alten Earls (die königlichen militärischen Statthalter) jetzt ersetzen. — Unter ihnen steht die Bildung der Miliz, des brittischen Landsoldaten, beschränkt auf die Vertheidignug der Insel, deren oberste Chefs sie sind, dabei alle Offizierstellen vergeben und Patente in ihrem Namen ausfertigten. Die Gehülfen des Lordlieutenants, die Deputilieutenants, wählt er sich damit sie ihn in seinem Geschäft unterstützen, ihn in Abwesenheit vertreten und vergegenwärtigen. Drei von ihnen sind hinreichend ihn ganz zu ersetzen. Die Ausübung seines Amtes setzt die Nothwendigkeit der Milizbildung voraus, wozu nöthig: daß der König mit dem Parlament bestimmen die Miliz solle in bestimmter Zeit gebildet unter Waffen stehn, und die Zahl der von jeder Grafschaft zu stellenden Milizen und andre Umstände festsetzen. Die Ausführung ist ganz des Lordlieutenants Sache.

2) Die Scheriffs, ursprünglich die Schreiber (Clerks) der alten Earls oder Gaugrafen, deren Stelle sie in ihrer Abwesenheit vertraten (Vice Commites Viscounts); dann Civilstatthalter des Königs die herum reiseten: um in peinlichen und bürgerlichen Sachen Gericht zu halten; jetzt, dem Range nach, nächst den Lordlieutenants, die Angesehensten der Grafschaft, aber beschränkt in ihrem Wirken. Dieses umfaßt jetzt: den

Vorsitz und die Leitung der Parlamentwahlen, die Ausführung der Anweise (Writs) von den Obergerichten, die Einhändigung ihrer Vorladungen und Verhaftbefehle, Vollzug ihrer Urtheile des Verhafts und der Pfandbefehle; Bekanntmachung der vom königlichen Geheimrathe erlassenen Verfügungen; Bestallung der Jury's für die Assizes und Quarter-Sessions; Beschützung der Kronrechte und Kronländereien, und Erheben der davon noch einkommenden Gefälle und des Kronantheils an gerichtlichen Geldstrafen, wie deren Berechnung an die Schatzkammer; Aufsicht des Zuchthauses der Grafschaft, (County Goal) und Leitung peinlicher Vollziehungen; Repräsentazion, bei allen feierlichen Gelegenheiten, wie bei den Assizes, dazu sie von den Friedenrichtern zu Pferde eingeholt werden, die ihnen Schutz und Sicherheit schaffen müssen, beim Ueberreichen der Adressen an den König u. s. w.

Die Sheriffs werden, für jede Grafschaft einer, vom Könige auf den Vorschlag des Kanzlers der Schatzkammer, der andern Kronbeamten und der Oberrichter gewählt. Einige, früher mit Grafschaftrechten belehnte, Städte (which are Counties of themselves) wählen sie frei ohne Bestätigung; das Amt währt ein Jahr und hat große Verpflichtungen wegen des Vollzugs der Aufträge der Oberrichter und der Quarter-Sessions dafür sie verantwortlich sind, und ist außerdem besonders wegen der Repräsentazion mit einem Kostenaufwande von 4—500 Pf. Sterl. verknüpft und, wie alle, ohne Gehalt.

Die Gehülfen des Sheriffs sind der Under oder Deputy Sheriff, die Balifs, Clerks, die den Sheriff vertreten, der aber für ihre Handlungen einstehen muß.

3) Die Coroners, deren jede Grafschaft 3—4 hat, waren früher öffentliche Beamte der Justizpflege, jetzt sind sie auf die Untersuchung unnatürlicher Todesfälle allein beschränkt. Diese müssen ihnen angezeigt werden, darauf sie eine Jury von 12 benachbarten Männern verordnen, denen der Todte vorgezeigt und dessen Todesart von ihnen bestimmt wird, worauf man denn Anstalten trifft um sich des etwanigen Thäters zu versichern, der Vorfall selbst aber den nächsten Assizes angezeigt wird. Der Coroner hält auch Gericht über die Todesfälle in Gefängnissen, über gefundene Schätze, und seines Amtes ist auch das öffentliche Bekanntmachen der von den Gerichten erkannten Außergesetzlichkeit (Outlawry) entflohener Verbrecher. — Die Coroners werden von den Grundeigenthümern gewählt, ihr Amt ist auf keine Zeit beschränkt, und sie dürfen für jedes Todtengericht 20 Schill., und für jede Meile Entfernung 9 Pence verlangen.

4) Die Friedenrichter (Justices of the Peace) sind ursprünglich aus dem Stande der unabhängigen kleinen Guthbesitzer (Freeholders) hervorgegangen, die den Patrimonialgerichten (Courts of the Manor) nicht unterworfen waren, und hatten anfänglich den Frieden nur nach dem Gewohnheitrechte (at common law) zu bewahren, weil sie nicht Richter, sondern nur Conservators of the Kings Peace (Bewahrer des Friedens des Königs) waren: bis unter Eduard III., im Jahre 1328, ihre Gewalt auch auf das geschriebene Recht der Parlamentakten (Statute law) ausgedehnt wurde, und die bisher blos auf Sicherung des Friedens

beschränkten Conservators zu hörenden, untersuchenden, erkennenden und bestrafenden Richtern erhoben wurden. Durch diese erweiterte Vollmacht, und den großen Nutzen, den sie in dem Lande stifteten, zogen sie bald die Geschäfte der andern Grafschaftgerichte an sich und verdunkelten sie, besonders als dem Könige 1327 das Recht der alleinigen Auswahl (Assignment) derselben übertragen war, da sie früher aus den meistbeerbtesten Frecholders erwählt wurden. Dadurch erhielt ihre Vollmacht (Commission) — das Patent, darnach sie ihr Amt auszuüben befugt werden, — eine andere Gestalt, und wuchs bis zum 30. Regierungsjahre Elisabeths, wo der Oberrichter der Kings bench, Wray, das Formular der Patente abfaßte, das noch jetzt unverändert beibehalten ist.

Nach dem jetzt bestehenden Gesetze, von Georg II. im 18. Jahr seiner Regierung gegeben, darf in England und Wales Niemand zum Friedenrichter ernannt werden, der nicht an reinem Ueberschuß von selbstgenutztem freiem inhabenden Eigenthum, oder bei 21jähriger Pacht 100 Pf. Sterling, oder an vorbehaltener Rente, von auf bestimmte Jahre, oder auf ein bis drei Leben verliehenem, dann wieder anheim fallendem Eigenthume, 300 Pf. Sterling jährlich genießt. Ferner darf niemand, der Koroner, Sheriff, Advokat der untern Klasse, oder mit einem Amte bekleidet ist, welches mit dieser Würde unverträglich, oder darüber sie eine Kontrolle ausüben, oder das ihr Ansehn auch nur scheinbar blosstellen könnte, Friedenrichter werden; dagegen dürfen sie alle höhern Aemter bekleiden unbeschadet ihres Amtes.

Der König ist bei seiner Wahl an keine Qualifikazion oder wissenschaftliche Bildung gebunden, noch an eine gewisse Zahl für jede Grafschaft, sondern wählt nach Wohlgefallen, in der Regel aber aus der Klasse der meistbegüterten Grundeigenthümer diejenige, welchen er die meiste Einsicht, Rechtlichkeit, Thätigkeit, Lust und Freude in gemeinnützigem Wirken zu einem Amte zutraut, da diese selbst bei dem zweckmäßigen Ausüben eines Amtes am meisten vortheilen, das so viel Einfluß, Ehre und Ansehn giebt, und als Bildeanstalt für das Parlement angesehen werden kann. Diese Umstände tragen dazu bei, daß große Bewerbungen beim Großkanzler um Ertheilung des Friedenrichteramtes eingehen. — Das Patent wird auf alle Friedenrichter der Grafschaft gerichtet, und ein älterer ernannt, den hinzukommenden die verschiedenen Eide abzunehmen, als: den Diensteid (Oath of office), Vermögeneid (Oath of qualification), — von welchem die Peers und ihre nächsten Erben, auch andre angesehene Personen entbunden sind —, den Eid der Treue gegen den König, als Oberhaupt des Staates (Oath of allegiance) und der Kirche (of supremacy) und gegen den Prätendenten (of abjuration) imgleichen müssen sie die Deklaration gegen die Transsubstanziazion unterschreiben; das geschieht vor einem der obern Gerichtshöfe, oder den quarter sessions, nachdem sie vorher erwiesen, innerhalb der letztverflossenen 3 Monate das Abendmahl empfangen zu haben. — Geborne Friedenrichter sind der Erzbischof von York, und die Bischöfe von Ely und Durham, imgleichen die Mayors und andere Oberbeamte von 2 Cities, 7 Towns und 8 Liberties vermöge früher erhaltener Königlicher Gnadenbriefe (by grant and charter). Mehre große Grafschaften sind in Distrikte oder Kommissionen von Friedenrichtern getheilt, deren es überhaupt in England und Schottland 94 giebt, welche 1796, 4119 Friedenrichter enthielten. England hatte damals 11000 Kirchspiele, darin 8,331,434 Menschen lebten, und worin 2351 Friedenrichter verwalteten; Wales 541,546 Einwohner in 843 Kirchspielen nnd 305 Friedenrichter; Schottland 1463 Friedenrichter in 896 Kirchspielen bei einer Seelenzahl von 1,599,068 Einwohner. Daher trifft in England ungefähr ein Friedensrichter auf 3543 Einwohner und $4\frac{5}{7}$ Kirchspiele, in Wales auf 1447 Einwohner und $2\frac{3}{3}$ Kirchspiele, in Schottland auf 1093 Einwohner und $\frac{6}{9}$ Kirchspiele.

Der Geschäftbezirk der Friedenrichter beschränkt sich auf die Grafschaft oder Stadt, für welche sie das Patent erhalten haben, ist einer für zwei sich begränzende ernannt, so darf er in beiden sein Amt verwalten, wenn er in dem einen nur wirklich wohnhaft und anwesend ist. Unterworfen sind ihm alle Inwohner ohne Ausnahme, auch Auswärtige, welche sich in der Grafschaft vergangen.

Der Geschäftkreis der Friedenrichter umfaßt:

a) die allgemeine Polizeipflege im Umfange der brittischen allgemeinen- und ortlichen Gesetzgebung, und von der Civil- und Kriminalgerichtpflege als der ersteren vollständige und kräftige Ausführung sodert, oder als für das allgemeine Beste zuträglicher, dem summarischen Verfahren einer überall nahe gegenwärtigen, ortkundigen, schnell auf dem Fleck wirksamen und nicht sportulirenden Behörde, als dem ordentlichen prozessualischen Rechtgange übertragen wird. — Beschränkt ist ihr Wirkungskreis, in Ansehung der ortlichen Anstalten, die öffentliche Verbesserungen oder Verschönerungen umfassen, weil diese keine allgemeine Bestimmung gestatten und mit besondern Abgaben belegt sind. Diese werden durch Lokalakten des Parlaments, und in demselben zugleich die Personen bestimmt, die das auszuführen haben, wobei den Friedenrichtern nur die Kontrolle bleibt, weil diese aus eigner Macht, keine ihre Mitbürger bindende strafende Anordnungen treffen dürfen, sondern nur auf den Vollzug der vorhandenen Gesetze halten sollen.

b) Die Gewerbpolizei, dazu die Ausführung aller Gesetze gehört welche Bezug haben: auf Erzeugung, Verkauf und Vertrieb landwirthschaftlicher Gegenstände, Jagd und Holzkultur und den dabei vorkommenden Freveln; die Fabrikordnungen und Schauanstalten, Bergwerke, Entwendung von Arbeiten und Werkzeugen; die Prämien für den Anbau verschiedener Gewächse, oder das Verbot anderer; die öffentliche Kommunikazionsanstalten, auch die welche sie benutzen, und den Schiffbruch.

c) Die Erhebung öffentlicher Abgaben. Mit Zuziehung einer Jury und Appellation an die Sessions, werden alle dabei eintretende Kontravenzionen und Desfraudazionen dem Entscheiden des Friedenrichters überlassen.

d) Mitwirken für Militärzwecke. Sie vereiden die geworbenen Soldaten und Matrosen, sichern die Entläufer, wohnen dem Mustern der Linientruppen kontrollirend bei — (das Vergleichen des wirklichen Standes der Regimenter mit den Regimentlisten wegen Bestimmung des Soldes), ertheilen den Pensionärs Lebenszeugnisse, helfen bei der Milizeinrichtung, besorgen den Transport, das Quartier und die Verpflegung durchmarschierender Truppen, und bestrafen die Entwendungen und Veruntreuungen militärischer Gegenstände.

e) Verwaltung des Gesellschaftvermögens als Aufsicht über öffentliche Anstalten, Zuchthaus (County Goal) Besserunghaus (House of correction) u. s. w. die Bedürfnisse dazu (County rates) schreiben sie aus, verwenden und berechnen sie; zahlen die Prämien für eingebrachte Landstreicher, verklagte und überführte Verbrecher. —

Nichts zu schaffen haben sie aber mit alle den Gegenständen welche das Mein und Dein betreffen, (klare Forderungen, z. B. Wechsel, dürfen sie jedoch bis zu 5 Pf. Sterl. durch Exekuzionen einziehen,) keine schiedsrichterliche Gewalt, kein versöhnendes Einwirken in Rechtsachen, überhaupt mit alle dem, was kein öffentlich Interesse hat. — Gröbere Verbrechen darf der Friedenrichter zwar strafen, aber gewöhnlich untersucht und sichert er nur, und überläßt das Weitere den reisenden Oberrichtern. — Privatgenugthuung ist seines Amtes gleichfalls nicht, außer wenn beide Theile einstimmen.

Die vielfache Arbeiten, die das Amt des Friedenrichters erfodern, werden von ihm, da er kein Gehalt bezieht, gar nicht geleistet, so mancher, der nicht alle erfoderliche Eigenschaften besitzt, nicht übertragen werden können, wenn die Regierung nicht ihre Zahl so vervielfacht und die Einrichtung getroffen hätte, daß allen in dem Patente ernannten Personen innerhalb der ganzen Grafschaft eine völlig konkurrirende Gerichtbarkeit zusteht. Daher denn auch jeder dessen Friede gestört, zu dem Richter gehen darf, um Recht und Schutz zu finden, zu welchen er das meiste Vertrauen hat. — Die Vortrefflichkeit dieser Einrichtung ist in England so einleuchtend, daß neuere bedeutend gewerbreiche Städte, wie Birmingham, Manchester u. a. auf eigne Magistráte Verzicht geleistet haben, und nur durch die Friedenrichter der Grafschaften regiert werden.

Die parlamentarische Statuten bestimmen noch, ob zum Abmachen einer Sache einer oder wieviel Friedenrichter erfoderlich, wobei die neuere Gesetze meistentheils nur auf einen bestehen, im Gegensatz der alten; ein Beweis, daß Bildung und Kenntnisse jetzt allgemeiner geworden sind.

Die Handlungen der Friedenrichter sind durch Gesetze bestimmt, dagegen ist die Anwendung derselben häufig seinem Ermessen (discretionary power) überlassen, so daß er, entfernt von allen persönlichen Rücksichten, Vernunft, Gesetze und Rechtgefühl in seinen Urtheilen vereinen, und auf diese Art das Wahre vom Falschen, das Recht vom Unrecht, die Nebensache von der Hauptsache trennen, und darnach seine Bestimmungen einrichten darf (judicium bonae fidei).

Sämmtliche Friedenrichter einer Grafschaft sind gehalten, sich viermal im Jahre zu einer allgemeinen

Vierteljahrversammlung (General quarter Session, auch schlechtweg Session) einzufinden, gewöhnlich abwechselnd in den beiden Hauptorten der Grafschaft, darin sich an dem einen das Friedenarchiv, am andern das Gefängniß befindet. — Die Zeit der Sitzungen wird 14 Tage vorher von zwei Friedenrichtern dem Sheriff angezeigt, und dieser angewiesen, dabei eine Grand-Jury zu gestellen; alle Koroners, Konstablers, Gefangenwärter und andre Unterbeamte dabei zu versammeln, selbst dabei zu erscheinen, und daß die Sitzungen statt finden werden, überall bekannt zu machen. Dadurch werden die Inwohner gleichsam eingeladen zur Beförderung der öffentlichen Gerechtigkeit mitzuwirken, erhalten freien Zutritt und Sicherheit beim Kommen, Verbleiben und Nachhausegehen, selbst wenn sie nicht den nächsten Weg einschlagen.

Die Geschäfte der Sessions bestehen:

a) im Weiterfördern der von den einzelen Friedenrichtern eingeleiteten und vorbereiteten Untersuchungen, über im Gefängniß bewahrte, oder durch Bail (Freilassung des Verhafteten gegen Bürgschaft) zur Wiedergestellung, oder durch Sicherheit zum Verfolgen und Beweisführen einer Anklage, Ablegung eines Zeugnisses u. s. w. vor dieselben gebundenen Personen;

b) im Entscheiden der gegen das Verfahren der Friedenrichter, oder der Commissioners für Gemeinheittheilungen, Kanalbauten u. s. w. eingelegten Appellazionen;

c) im Besorger allgemeiner, die Grafschaft angehender Verwaltgegenstände.

Die Eröffnung der Sessions erfolgt durch dreimaliges Bekanntmachen derselben, dann wird einer der Friedenrichter zum Präsidenten (Chairman) für die Zeit erwählt, die Königl. Kommission und verschiedene bestimmte Palamentakten verlesen; die Grand Jury eingeschworen, und derselben die vor ihr gehörenden Eingaben (Bills) überwiesen; Zeugen, die beweisen sollen, werden vereidet; Diensteide abgenommen, die Listen aller zu Geschwornen tauglichen Personen durchgegangen; Appellazionen gehört, und die Sache selbst entschieden; allerhand Vergehen gerichtet u. s. w. — Endlich werden noch die übrigen Geschäfte der Sessions berichtigt, als: Anordnung einiger Friedenrichter zur speziellen Aufsicht des Gefängniß- und des Besserungshauses; die Verwaltung dieser und anderer öffentlicher Anstalten; Bestimmung des Tarifs der aus der Grafschaftskasse geleisteten Zuschüsse für Militärfuhren und Bedürfnisse, Ordnung der Entschädigungsätze der vor Gericht gefoderten Zeugen; Wege- und Brückenbau; Bestallung und Einschwören der Konstabels; das Ausschreiben und Vertheilen der Kirchspielbeiträge (County rates) zur Grafschaftkasse, und deren Verwaltung durch den Treasurer of the County; Genehmigung der von den Kirchspielen für ihren innern Haushalt ausgeschriebenen Beiträge (Parish rates); Anordnen der Aufseher über Baumwollmühlen u. s. w., worauf denn die Session vertagt wird.

Diese Sessions vertreten in England für die inneren Angelegenheiten die Provinzialstände, welche dort nicht bestehen, da die Grand Jury befugt und verpflichtet ist, gleich den übrigen Einwohnern, die Konstables aber von

Amtswegen, allgemeine Nothdurft-Beschwerden und Maaßregeln zu Verbesserungen vorstellig zu machen. — So vereinen denn die Sessions die beiden politischen Beziehungen der Grafschaften, darin sie als abgesonderte Einzelheiten, und als Theile des brittischen Reiches dastehen.

Gründe haben die Sessions so wenig als andere Gerichte anzugeben, dagegen steht den Betheiligten, so wie sie befugt sind von dem Ausspruche der Friedenrichter an die Sessions zu apelliren, auch zu, von dem Ausspruche dieser Abänderungen bei den obern Gerichthöfen, der Kings bench und Chancery, gestützt auf Gründe, nachzusuchen.

Jeder Friedenrichter hat seinen Schreiber (Clerk of Justices), und für alle, Behufs der Sessions, ist auch ein Schreiber (Clerk of the peace), der zugleich das Friedenarchiv bewahrt, unter eigner Verantwortlichkeit desjenigen Friedenrichters, den das Patent zum Custos rotulorum namentlich bestellt, und der vor den andern nur den Vorzug hat, daß er befugt ist den Clerk of the peace zu ernennen, den die Sessions aber absetzen dürfen. — Diese Schreiber bestreiten alles Schreibwerk was offenkundig sein soll, und womit sich die Friedenrichter nicht befassen, da es auch ganz mechanisch geregelt ist, und ihnen nicht die Lust und Zeit zum Handeln benommen werden soll. Die Sporteln, welche die Sessions für dergleichen Schreibereien festsetzen, überlassen die Friedenrichter gewöhnlich den Schreibern, oft reichen die aber nicht hin, und sie schießen dann aus ihrer Tasche zu. Wer eine Uebertretung der Sportultaxe nachweiset, erhält vom Uebertreter 20 Pf. Sterl. Belohnung. Außer dem erhalten die Friedenrichter für jeden Tag der Session 4 Schill., die Schreiber 2 Schill. Taggebühren, welche aber Vornehme bis zu den Baronetts nicht fordern dürfen, die andern nur selten nehmen; so daß man eigentlich wohl sagen kann, daß die Friedenrichter ihr Amt ganz umsonst verwalten, außer in Westmünster, wo es, wegen der Menge vorkommender Geschäfte, besoldete Friedenrichter giebt. — Aber grade dies unentgeldliche Verwalten ihres Amtes ists, was den Friedenrichtern ein so großes Ansehen schafft, wie es die Richter keines Landes haben, und was in Großbrittanien das so seltene Gute erzeugt hat, daß dem Gehorsam gegen das Gesetz und dessen Diener so unwidersprochene augenblickliche Folge geleistet wird. — So wie aber die Friedenrichter verpflichtet sind, jeden zu hören und jedem zu helfen, so dürfen sie auch von jedem unbedingten Gehorsam fodern; wer ihren Anweisungen, Verhaftbefehlen keine pünktliche Folge leistet, den treffen die härtesten Strafen. Sie können daher die Kräfte jedes Inwohners für das allgemeine Beste einzeln und in Masse aufbiethen; jeder der ihnen zunächst steht, oder den sie für tauglich halten, ein Geschäft zu verrichten, damit beauftragen; jeden, bei dem sie die beste Wissenschaft von einer Sache vermuthen, zur Auskunft auffodern und anhalten. — Der unbedingteste Schutz der Gesetze ist ihnen in Ausübung ihres Amtes verliehen, ihr schriftlich Zeugniß über Amtgeschäfte hat unbedingten Glauben ohne Einspruch; was sie versichern ist gesetzlich wahr; selbst wenn sie im Handeln sonst nöthige Förmlichkeiten des Verfahrens unterlassen, wird die Handlung dadurch nicht unwirksam oder rückgängig gemacht. Ueber ihr Verfahren können sie nur in den Assizes und da nur innerhalb 6 Monate in Anspruch genommen werden, und erhalten doppelten Kostenersatz wenn sie obsiegen. — Kurz die Gesetze haben es anerkannt: daß Männer von solchem Nutzen und solchem Vertrauen auch über die gewöhnliche Form, die für andere paßt die weniger auf das öffentliche Leben einwirken, gestellt werden müssen, damit sie nicht in ihrem Wirken gestört oder gehemmt werden. — Das Gesetz hat hier alles gethan, damit der Friedenrichter auch ganz das Seinige thun könne, und der öffentliche Dienst von vermögenden unabhängigen Männern nicht als unerträgliche Last vermieden, sondern als erfreuliche und dem Gemüthe des Staatsbürgers wohlthuende Beschäftigung gesucht werde. Damit aber die Friedenrichter nicht über ihre Befugniß hinausgehen und willkührlich handeln, sind die entfernten Obergerichte, die aus ihnen in die Grafschaften versendete Deputazionen, welche in den Assizes Appellazionen annehmen, vor allem aber die Aufsicht und die Kritik da, die das ganze Publikum über der Friedenrichter offene, nicht in den Akten begrabene, wirksame Thätigkeit, mit unbefangenem Freimuthe gesetzlich ausübt, indem es alle ihre Handlungen einem strengen, gewöhnlich sehr gerechten, Urtheile unterwirft, und so die Sache des geringsten Mitbürgers zur Sache Aller macht. Da wird es wohl nicht gut möglich, daß einer schlecht kaum nur nachläßig handle, weil er gleich seinen ganzen Werth dadurch in der öffentlichen Meinung seiner

Mitbürger verliert, die er überall, vornehmlich aber in England braucht, besonders wenn er nach der höchsten Bürgerehre strebt, Parlamentglied für die Grafschaft (County member) zu werden, dazu Friedenrichter am meisten geeignet sind, weil sie in diesen obersten Körper und Bewahrer des Rechts den reichen Schatz von praktischen Erfahrungen, Sach- und Landeskenntnissen hinübernehmen, den sie sich in der Fülle ihres Geschäftslebens erworben, und welcher dort ihrer Wirksamkeit, besonders in den Ausschüssen, so nützlich wird.

5) Die Konstabel (Constables) sind wohl die älteste Klasse der Beamten, da bereits König Alfred verordnete daß alle freie Männer sich mit ihren Familien in Gesellschaften von zehn (Tythungs, boroes) zusammenthun sollten, um sich unter und für einander zu vertreten, und daß, wer so übeln Rufes, keine Aufnahme in solchem darein zu finden, als unwürdig und schädlich unter freien Männern zu wandeln verhaftet werden solle. Jeder tything solle seinen Sprecher oder Vorsteher tythingmen, boroesholder, boroeselder, head borough, chief pledge erwählen, der auf gute Ordnung halte, und zehn solcher Vereine (hundred), sollten zu gewissen Zeiten zusammen kommen um gemeinschaftliche Angelegenheiten zu verhandeln und im Kriege eine Gesellschaft (company) bilden. So bildeten sich die Unterabtheilungen der Grafschaften, die hundrets, die jetzt mehre Kirchspiele umfassen, und später der französische Name Constable, der zuerst im Statute von Winchester im 13. Regierungs-Jahre Eduards 1. Statut. 2. Kap. 6 vorkommt.

Ihre Geschäfte und Vollmachten dehnten sich allmählig mit denen der Friedenrichter aus, wie sich ihre Zahl vervielfältigte. Jetzt bestehen in jedem Hundred, ein Oberkonstabel (High Constable) und in jeder Gemeinde ein oder mehre Konstables Petty Constables, Tithingmens, Borsholders) als Werkzeuge der Lordlieutenants, Scheriffs und Justices of the peace. Ihr Geschäftkreis umfaßt alles diesen übertragene Verwalten, darin sie nicht bloß auf derselben besonderm Befehl, sondern auch aus eigner Macht in ihrem Geschäftsbezirke (Constablewik) verfahren; der Konstabel in seiner Gemeinde, der Oberkonstabel in seinem hundred, darin der letzte eine Oberaufsicht über die andern hat, sie ihren Geschäften anweiset, unterrichtet, kontrollirt, und da, wo mehre versammelt, über sie den Befehl hat und sie anführt.

Der Oberkonstabel bildet keine Instanz, doch gehört speziell zu seinem Amte: daß er die Quartiere der Truppen ordnet, die County rates erhebt, sie an den Conty treasurer (Renntmeister der Grafschaft) abgiebt, vierteljährig in deu Sessions berechnet, die Belohnungen für angehaltene Landstreicher u. a. auszahlt.

Die Pflicht aller Konstabels ist, die ruhigen Inwohner gegen alle Störungen zu schützen, daher sie ihren Bezirk fleißig durchwandern und darauf sehen müssen daß die Gesetze beobachtet, den Verbrechen vorgebeugt, der Sonntag nicht durch Gewerbbetrieb und verboten Spiel entheiligt, Ordnung in öffentlichen Häusern erhalten werden u. d. g. Als Conservators of the peace haben sie das Recht jeden zu verhaften der einen andern geschlagen oder verwundet, oder überhaupt den Frieden gestört hat, auch die Pflicht andern Aufforderungen zu gnügen, ohne den Befehl des Friedenrichters zu erwarten, wenn es darauf ankommt Verbrecher (felons) aufzusuchen und zu fassen — wobei sie sogar Häuser aufbrechen dürfen; dagegen brauchen sie Verhaltbefehle wenn sie jemanden wegen geringerer Vergehen (misdameanor alles Vergehen und Beleidigungen die nicht Felonie sind) vorhalten wollen. Bei Exekuzionen müssen sie gegenwärtig sein, um Ruhe zu erhalten, auch beim Ausstellen auf der Schandbühne (pillory) und öffentlichen Auspeitschen (whipping) den Eifer des Pöbels zurückhalten; bei den Sessions und Assizes müssen sie um Ordnung zu erhalten, auch gegenwärtig sein. Bei den Herbstsessions die Listen von allen Personen einliefern die würdig sind Schöffen (Iurymens Geschworne) zu sein, und Abschriften davon an die Kirchthüren heften; von unnatürlichen Todesfällen die Koroners benachrichten und die von diesen gefoderte Iurys stellen; wenn widergesetzliches Versammeln, Tumult und Aufruhr zu ihrer Kenntniß kommt, müssen sie den nächsten Friedenrichter davon in Kenntniß setzen und selbst gegenwärtig sein, um ihm beizustehen die Leute zu zerstreuen, und die Friedenbrecher zu verhaften.*) Sie haben ferner die Feuer- Straßen- Lebensmittelpolizei, die Auspfändungen, Erkenntnisse

*) Alle werden dafür angesehen welche Eigenthum beschädigen oder niederreißen, oder in Gesellschaft von mehr als 12 Personen eine Stunde nach dem Verlesen der Aufruhrakte zusammen bleiben.

der Vorladungen, Erkenntnisse, die Sicherheit der verhafteten Felons und andre Gegenstände zu ihrem Wirken vom Gesetze angewiesen erhalten. — Zur Ausführung aller der Maaßregeln, welche ihnen übertragen sind, haben sie zwei Stäbe. Der eine, 3 — 4 Fuß lang, 1½ Zoll dick und rund und oben mit dem königlichen Wappen bemahlt, dient ihnen als Zeichen ihres Amtes, der andre ein vier Zoll langes Messingstäbchen oben mit einer Krone, wird zum Verhaften gebraucht; wer mit diesem auf der Schulter unter dem Ausspruch: „im Namen des Königs," berührt wird, ist dadurch verhaftet und muß dem Konstabel Folge leisten. Beistand muß dem Konstabel von jedem, bei Vermeidung harter Strafe, geleistet werden den er dazu auffordert.

Die Geschäfte des Konstabels werden, in sofern sie das öffentliche Interesse angehen, unentgeldlich verrichtet; in vielen Fällen genießt aber der Konstabel einen Theil der Geldstrafen, die in Folge seiner Anzeigen und Bemühungen erkannt werden, außer diesen noch manchmal Prämien, oft bedeutend genug, z. B. für die Verhaftung eines Straßenräubers 50 Pf. Sterl., eines Pferdediebes 20 Pf. Sterl. u. s. w.

Die Uebernahme dieses Amtes ist Bürgerpflicht; nur sind das Kollegium der Aerzte und der Chirurgen-Innung in London, die Apotheker, Advokaten, Bediente der Parlamentglieder und Friedenrichter in der Grafschaft, darin sie diese Würde bekleiden, davon ausgenommen, so wie die Alderman in London, Prediger, Milizsoldaten und Personen, die einen Felon zur Ueberzeugung gebracht, oder welchen diese das darüber erhaltene Certifikat (Tyburn tiket, an Werth 10 Pf. Sterl.) abgetreten haben; Leute von Stande und Offiziere, im Fall sich andre fähige Personen am Orte befinden; unbedingt ausgenommen Schankwirthe, bekannt Lasterhafte und Säufer, alle die nicht lesen und schreiben können, Unangesessene und körperlich Schwache.

Der Oberkonstabel wird in den Sessions von den Friedenrichtern gewählt; die andern früher grossentheils von den Lords of the Leet und den Manioral Courts auch jetzt noch da, wo diese gehalten werden (deren Geschäft sich oft allein auf diese Wahl beschränkt); wo sie aufgehört haben, von den Kirchspielen und deren Vorstehern, häufig von den Friedenrichtern die dafür zu sorgen verpflichtet, daß überall eine hinreichende Anzahl vorhanden und die abgehenden gleich ersetzt werden. An mehren Orten wird die Reihfolge unter den Inwohnern beachtet, wo es, da das Amt nur ein Jahr währt, selten einen mehr als einmal trifft. — In großen wohlhabenden Städten sind Stellvertretungen zulässig geworden, dafür man 5 — 10 Pf. Sterl. zahlt. In London und Westmünster sind seit 1792 noch 213 besoldete hinzugekommen, und neben ihnen bestanden daselbst 1802 noch 832 Kirchspielkonstabel darunter 330 als Stellvertreter.

Auf diese Weise hat die britische Gesetzgebung dem Volke die Sorge für die eigne innere Angelegenheiten und für seinen Frieden übertragen; aus der Masse des Volkes treten abwechselnd die Bürger, durch dies ehrenwerthe Vertrauen ausgezeichnet, hervor, um mit aller möglichen Gewalt ausgerüstet, sich als Jurys und

Konstabel selbst und gegenseitig zu bewachen und zu beschützen. Dadurch allein kann die Ausführung vieler und zweckmäßiger Gesetze nur vollkommen werden. Eine große Anzahl von Personen sind nur durch ihr Amt und ihre Verhältnisse als Mitbürger gebunden, das sonst, selbst in der Person Gehässige, das Amt des Anklägers zu übernehmen, wird nur dadurch ehrenvoll, daß es allein in der Absicht geschieht sich und andern den Frieden zu bewahren und zu erhalten. Die Kosten die andre Staaten darauf verwenden, und die eigne Verderbheit die dort die Krankheit der bei solchen Geschäften Angestellten ist, und die das Volk am Ende vorpestet, fallen hier weg; der Staatsverwaltung wird kein verderblicher Einfluß auf Haus- und Familienleben gestattet, und eben darum kann sie so hoch stehen in der Verehrung des Volkes, das sie nur im Allgemeinen walten, aber sie nicht, unangemessen ihrem erhabenen Standpunkte, um kleinliche Einzelheiten sich bekümmern sieht. —

In der obern Region aber, die allein dazu schicklich ist daß sich darin die Aufmerksamkeit des Regenten bewege, stehen als Wächter Großbrittaniens und nur auf das Allgemeinste beschränkt da: der Königliche Geheimrath (His Majesty's most Honorable Council) und der Staatsekretär des Innern. — Der erstere, aus den königlichen Prinzen den ersten Kron- und Staatbeamten und einer bedeutender Anzahl von angesehenen Personen bestehend welche des Königs Achtung und Vertrauen erworben, nur mit einem besoldeten Präsidenten (Lord President), mit dem Rechte, aber nicht mit der Pflicht, den Versammlungen beizuwohnen. — Denn durch Vervielfältigen dieser Stellen ist dafür gesorgt daß immer eine hinreichende Anzahl (im Jahr 1805, 145 Personen) unabhängiger Männer für die Geschäfte da sei. Er steht dem Könige mit Rath in allen Dingen bei, darüber er ihn fodert; dieser ist aber verbunden ihn zu hören über alle öffentliche Erlässe. Allgemeine Bestimmungen und Anweisungen in außerordentlichen Fällen, welche er erlassen will und dazu der Anlaß gewöhnlich wärend der Vakanz des Parlaments sich ergiebt, welches dann in gewisser Art durch den Geheimrath vertreten wird. Außer diesen Geschäften gehören vor ihm die Anordnungen von Blokaden, Embargo's und Karantänen mit den dazu gehörenden Instrukzionen und Kommissionen; Rückfragen an die Admiralität; Instrukzionen für die Guvernörs und andre Beamten in den Kolonien; Untersuchung und Entscheidung der über diese angebrachten Beschwerden; Bestätigung der von den Guvernören vorgeschlagenen Provinzialversammlungen und Gesetze, und die letzte Instanz in allen Rechtsachen der Kolonialgerichtshöfe. — Das ganze Unterpersonal dieses wichtigen Instituts enthält 4 **Schreiber**, 2 **Registratoren** und 4 **Kopisten**.

Der Staatsekretär des Innern (Principal Secretary of State for the Home departement) hat den Briefwechsel mit den Behörden im Lande bei ungewöhnlichen Ereignissen, und in den Kolonien über alle Gegenstände der ausübenden Gewalt; die Ausfertigung aller Diensternennungen, Verleihungen, Patente die vom Könige ausgehen; Rückfragen an die Oberrichter; Begnadigungen von Todesstrafen. Das Unterpersonale besteht in zwei Unterstaatssekretären und 18 Registratoren und Schreibern. Dies, und das bedeutende Personal der einzelen unzusammenhängenden Beamten, macht es ihm unmöglich, mit denselben eine fortwährende Verbindung zu erhalten; er nimmt also nur dann von ihnen Kenntniß, wenn eine Sache vor ihm zur Sprache gebracht wird; Beschwerden finden überdem vor den Gerichthöfen ihre Erledigung. Daher kontrollirt der Staatssekretär eigentlich gar nicht die Friedenrichter, wogegen er Verordnungen vorbereitet, welche die allgemeine Nothdurft erfodert und solche dem Parlament zur Bestätigung vorlegt, was aber auch jedem andern Mitgliede desselben frei steht.

Das Parlament, ein wunderbares Gemisch von Gesetzgebungs-, Aufsichts- und ausführender Gewalt ist, aber die eigentliche Behörde, die das große Ganze der Verwaltung leitet, und von seiner gemischten Gewalt gehen die wesentlich nothwendigen Einwirkungen wohlgeordneter Regierungen aus. Es kann nicht nur Staatsbeamte zur Verantwortung ziehen, sondern auch eine förmliche Anklage (impeachment) gegen sie bei dem obersten Gerichthofe, dem Oberhause, anbringen. Jedes Haus richtet seine Mitglieder die gegen Sitte und Ordnung verstoßen, und andre Personen, die sich gegen die Achtung, Würde und Privilegien desselben, oder einzele seiner Mitglieder als solche, vergangen haben. Alles was die Staatsverwaltung im Ganzen oder Einzelen betrifft, selbst einzele Verwaltzweige, dürfen von ihm untersucht werden, eben so wie es befugt ist, Berichte der Behörden über jeden Gegenstand, auch Jeden persönlich vor seine Schranken zu fodern, um Auskunft zu geben. Besonders groß ist seine Wirksamkeit bei Abfassung neuer und dem Aufheben alter Gesetze. Alle allgemein verbindende Vorschriften, alle Ausnahmen von allgemeinen Gesetzen, oder bindenden Privatverträgen, Statuten, berechtigende Bestimmungen nehmen im Parlament ihren Ursprung, werden in beiden Häusern besonders erörtert, und erhalten, durch beider Vereinung und des Königs Zustimmen, die Kraft der Gesetze als Acts of Parlament. Hiernach bestimmen sich der letztern verschiedene Arten, im parlamentarischen Sinne von der private Acts, dafür Sporteln (Fees) bezahlt werden, und woraus Individuen, Korporazionen u. s. w. einen Vortheil erlangen.

Im gesetzlichen Sinne sind die Parlementakten nämlich:

1) public and general Acts, die für das ganze Reich verbindlich, wonach die Richter erkennen und von denen sie offiziell Notiz nehmen müssen.

2) private Acts, die auf die darin benannte Personen beschränkt sind, sie heißen auch personal Acts. Die Richter nehmen von diesen keine Notiz wann sich nicht auf sie bezogen wird (withont pleading them.*)

*) Solcher private Acts kommen stets eine große Anzahl vor, da Ehescheidungen, Legitimationen, Volljährigkeiterklärungen, Kapitalaufnahme, Tausch oder Verkauf fideikommissarischer Grundstücke und alle Gegenstände wo Privatrechte erörtert werden, Gegenstände von private Acts sind. — Nach den Raport from the committe of Statutes 1796, vor der Union von Irland enthielten die Local Acts in 10 Jahren

3) publik Acts welche eine private clause enthalten, d. i. solche, welche generell für einen Ort oder Bezirk sind und zugleich das Interesse von Personen berühren; man nennt sie auch public local Acts und die Richter im betreffenden Bezirke müssen sie kennen.

Ein Parlamentschreiber besorgt alle Schreiberei, die verschiedenen Ausschüsse arbeiten sportelfrei; die bedeutende Sporteln aber, welche das Parlament zieht kommen dem Sprecher und dem Unterpersonal zu Gute.

Die Ordnung parlamentarischer Verhandlungen hat sich dem Zeitbedürfnisse gemäß von selbst gebildet. Der große Umfang der Gewalt des Parlaments, als aufsehende Behörde, ist weder an an sich so beschwerlich, noch für die untergeordnete Beamte so furchtbar als es die Kontrolle untergeordneter Regierungskollegien, oder die von allein stehenden Oberbeamten ist, wo Persönlichkeiten, das Streben sich geltend zu machen, und die Lust des Regierens mehr oder weniger einwirken; sie trifft daher nur schlechte Beamte, die da, wo Oeffentlichkeit und Gemeinsinn regieren, sich überdem nicht lange erhalten werden.

Als gesetzgebende Gewalt aber beschränkt das Parlament die öffentliche Beamte außerordentlich, indem sich diese über die in andern Ländern gewöhn-

4000 eng gedruckte Bogen, dann 460 Acts über Wege und Brücken, 318 über Gemeinheittheilungen und Entwässerungen, 145 über Kanal und Hafenbau, 186 über Kirchen, Erleuchtung, Pflasterung und andre Parochialverschönerungen; in allem 1109, davon auf das Jahr 110. Man kann rechnen, daß vor der Union die Masse der Gesetze jährlich um 200 Bogen general Acts und 400 Bogen Local Acts gewachsen.

liche Schranken dehnt; denn kein Gesetz darf beim Verwalten oder Strafen überschritten werden, und der Beamte darf allein in den Gränzen der wörtlichen Bestimmung des Gesetzes wirken, und nicht mit Rücksichten für das allgemeine Wohl das Abweichen davon rechtfertigen. Dafür sind aber die Gesetze umfassend, klar und bestimmt, und theils für allgemeine, theils für besondere Fälle, Gegenden oder Personen gegebene, (The public general and Local Acts) und weder Freiheit noch Eigenthum werden beamtlicher Willkühr Preiß gegeben. — Außerdem ist in Großbritanien sehr vieles den Inwohnern übertragen, das in andern Ländern mehr oder weniger Gegenstand der Staatsverwaltung geworden, je nachdem man sich aufs Regieren gelegt. Denn die Verwaltung des innern Haushalts der größern und kleinern Gemeinden, Korporazionen, viele andere Gegenstände und Verhältnisse des bürgerlichen Lebens und allgemeinen Interesses, werden von den Inwohnern selbst, bald in näherer bald entfernter Verbindung mit den früher genannten, aus ihrer Mitte entnommenen, öffentlichen Beamten betrieben; andre sind lediglich dem Privatinteresse Einzeler überlassen. Dahin gehören besonders:

1) Die örtliche Verwaltung der größern Gemeinden (Städte), die gar keine allgemeine Regel kennt und überall verschieden ist, selbst oft in den verschiedenen Kirchspielen (Parishes), daraus sie bestehen. Gewöhnlich wählt die Masse der angesessenen Inwohner, oder ein Ausschuß derselben, die Personen, denen sie das alles übertragen, den Bürgermeister

(Mayor

(Mayor auch Bailif, in London und York Lord-Mayor), den Kämmerer (Chamberlain), die Rathherrn (Aldermen), den Stadtschreiber (Town Clerk) und die Bürgervorsteher (Common Council, Commoners, Burgesses.). Des erstern Amt währt ein Jahr, das der andern hat keine Dauer. Der Magistrat darf Anordnungen treffen die Gesetzeskraft haben, wenn sie nicht den Landesgesetzen entgegen. Ist die Stadt eine County, so werden die Aemter des Sheriff und der Friedenrichter vom Mayor und einigen Aldermen, wie es der Freibrief bestimmt, vergeben; auch von ihnen wohl selbst Gericht gehalten gleich andern Friedenrichtern, einzeln und in den Quarter Sessions, in letztern wird noch ein Sindikus (Recorder) zugezogen, unbeschadet der Assizes, welche die reisende Oberrichter zweimal im Jahre abhalten.

2) Die innere Verwaltung ländlicher Gemeinden (Townships, vills, villages) so wie mancher neuen angesehenen Städte kennt gar keine magistratualische Verwaltung, sondern hat nur allein Friedenrichter und Konstabels. Für Kirchen- und Armensachen sind eigne Vorstände, für die Heerstraßen eigne Aufseher; bei dem gewöhnlichen Mangel an Kämmereien werden die Kommunalbedürfnisse aus dem Armenfond bestritten. Für die Bedürfnisse, die aus dem Zusammenleben entstehen, als Pflasterung und Reinigung der Straßen, Kanalverbände, Nachtwachen, Trinkwasserleitungen, Lohnwaagen wird nach den Lokal-Parlamentakten gesorgt, oder es thun sich Leute zusammen die das übernehmen, ohne daß die Regierung sich um dergleichen

bekümmert, indem man sich nur nach dem Bedürfniß einrichtet.

3. Das Kirchvermögen und Armenwesen verwalten eigne Vorstände (Churchwardens, Overscers of the Poor), die erstern, gewöhnlich zwei, werden vom Pfarrer und der Gemeinde erwählt, sie sind auch befugt Gemeindeversammlungen anzuordnen, und diese zum Einwilligen der Kostenbeiträge (Church rates) zu veranlassen. Jeder Beitragende hat dabei ein Stimmrecht, und die Vertheilung geschieht nach dem reinen Einkommen (by the pound rate), die Appellazion wegen Verletzung des Verhältnisses der Beiträge gehört vor die geistlichen Gerichte. Die Kirchenpolizei während des Gottesdienstes ist auch ihres Amtes. Bei Erledigungen verwalten sie das Pfarrguth, halten auf das richtige Führen des Kirchbuchs, und sind eidlich verpflichtet dem Bischof alle Vergehen des Pfarrers und der Pfarrgenossen anzuzeigen. In Gemeinschaft mit dem Konstabel, halten sie die Statute über die Sittenpolizei, mit den Armenvätern, die Armenpolizeigesetze aufrecht. Am Jahresschluße legen sie dem Pfarrer und den Eingepfarrten Rechnung über die empfangenen und verausgabten Gelder, und werden von ihnen für die Rechnung entbunden, nachdem sie eine Zeitlang offen ausgelegen hat, eine Maaßregel, die bei aller Verwaltung öffentlicher Kassen eingerichtet, und wohl nicht in England allein heilsam ist.

Die Armenväter werden in der Osterwoche von zwei Friedenrichtern gewählt, wenigstens zwei und nicht über vier. Sie müssen angesessene wohlhabende Hausväter (substantial householders) sein, und Mitglieder des Kirchspiels. Wer mit der Wahl nicht zufrieden, wendet sich an die Sessions. Grössere Kirchspiele lassen Abtheilungen zu und für jede besondere Overseers of the Poor. Sie haben die ausgedehnteste Fürsorge und Aufsicht über alle Kirchspielarme und die darin befindlichen Arbeithäuser. Jeder Arme den sie hülflos lassen wendet sich an den Friedenrichter, dessen Bestimmungen unbedingte Folge geleistet werden muss, und der auch die Armenväter wegen Nachlässigkeit bestrafen darf. Diese fertigen die Anlage der Beiträge auf alle Inwohner und Gemeinschaften nach ihrem ertragbaren Vermögen, erheben selbige, nachdem sie zwei Friedenrichter genehmigt und sie offenkundig ausgelegt worden. Wegen dieser Anlage steht es jedem frei an die Sessions zu appelliren (doch ohne Suspens) welche die ganze Anlagen verwerfen (to quash) dürfen, oder ermässigen oder Einschaltungen veranlassen. — Ausser dem sorgen andre Institute für einzele Klassen von Armen, wobei der, welcher am meisten giebt, der Vorsteher wird auf Lebenszeit oder ein Jahr (Governor for life — oder for the year).

4) Räuber und loses Gesindel ist jeder Inwohner bei Geld- oder Leibesstrafe zu verhaften und zu verfolgen verpflichtet, bei dazu vorgehendem Aufruf. (Hue and Cry). — Auch die richterliche Gewalt ist den Inwohnern nicht nur in allen vor die gewöhnlichen Gerichte (die geistlichen und Billigkeitgerichte die nach römischen Recht sprechen ausgenommen) vorkommenden Rechtfällen, sondern auch in peinlichen Sachen und solchen

die den bürgerlichen Verkehr betreffen, durch die aus dem Volke entnommenen Schöffen (Jurors) übertragen, wenn sie in derselben Grafschaft ein jährlich Einkommen von 10 Pf. Sterl. in England, und 6 Pf Sterl. in Wales, aus einem eigenthümlichen oder Zinsgute oder von 20 Pf. Sterl. über den Miethzins vom Pachtlande haben und zwischen 21 und 71 Jahre alt sind. Gewerbreiche Orte haben auch Gewissengerichte (Courts of concience) für leichtere Beitreibung von Bagatelschulden; andre Bankerottkommissionen u. s. w.

Selbsthülfe ist jedem erlaubt bei Beschädigung von fremden Vieh (damage feasant) und für rückständige Miethen und Abgiften (rent arrear); nur wenn im Hause keine Gegenstände der Pfändung vorhanden, oder diese um der Pfändung auszuweichen in fremdes Gewahrsam gebracht sind, ist die Zuziehung eines Konstabels nöthig.

5) Alle **Abgaben**, Zölle, Akzise, Stempel, Briefpost und Salz ausgenommen, werden von Männern aus dem Volke repartirt, fixirt und erhoben, fast ohne Zuthun der Regierung. — Das Parlament bestimmt in der Akte welche die Abgabe anordnet, eine Anzahl vermögender angesessener Personen in jeder Grafschaft (gewöhnlich die Friedenrichter) zu Beauftragten der Grundsteuer (Landtax), die sich am 30. April versammeln, und sich nach einem oder mehre Hunderts in der Art vertheilen, daß für jede Theilschaft (Division) drei Abgeordnete bestehen mit einem Schreiber, und den Beitrag jeder, wie er 1792 festgesetzt, bestimmen. Von den Abgeordneten wird die Auswahl der zur einzelen

Vertheilung Geeignetesten (Assessors) getroffen, die vor ihnen erscheinen instruirt und vereidet werden. Diese legen dann den Abgeordneten ihre Hebzettel vor, wobei sie zugleich geeignete Erheber (Collectors) vorschlagen, die auf Verlangen Kauzion stellen. Die Hebzettel werden offenkundig gemacht, damit jeder sich von der Richtigkeit der Vertheiluug überzeuge oder seine Einwände vorbringe, welche die Abgeordneten erörtern und dann festsetzen. Auf solche Art ist das ganze Geschäft in 5 Zusammenkünften (meetings) beendet. Nur der Kollektör, der Klerk und der Generaleinnehmer werden für ihre Arbeit mit resp. 3, 1½ und 2 Pence vom Pf. Sterl. entschädigt, die Kosten betragen also 2½ Prozent.

In gleicher Art wird mit der Imposizion (Assessement) aller assessed Taxes auf Häuser, Fenster, Gesinde, Pferde, Wagen, Hunde, Gepuderte, Wappen und Livreen (Armorial bearings) verfahren, nur sind dabei noch von der Regierung besondere Kontrollörs (Surveyors) angestellt, um die Richtigkeit der Steuerrollen zu prüfen. — Bei der Einkommensteuer war das derselbe Fall. — Von Todesfällen oder anderm Abgange solcher Kommissarien nimmt die Regierung keine Kenntniß; so lange noch drei Mitglieder vorhanden, ergänzen diese die fehlenden.

6) Die Landesuniversitäten, Gymnasien, Spezialanstalten zur Bildung der Rechtsgelehrten, das Kollegium der Aerzte in London, die königlichen Gesellschaften der Wissenschaften und bildenden Künste, das britische

Museum, der Board of agriculture, das Trinity House (das alle Lootsen prüft und anstellt, und welchem die Anlage und Unterhaltung von Leuchtthürmen, das Reinhalten der Themsemündungen und andre Schiffahrtanstalten übertragen) bestehen für und regieren sich selbst, nach Maaßgabe der sie konstituirenden Parlamentakten. Andre bestehen als bloße Privatvereine, wie die Society of encouragement of arts, manufactures and commerce, die Royal Institution, die Sozietät für die Fischereien, die Bank, die Handelskompagnien, davon die Ostindische nur in der letzten Zeit einige Regierungsbeamte erhalten.

7) Feuerassekuranzen und jede Art von Versicherungen bestehen auf gleiche Weise, sie bedürfen nicht einmal parlamentarisches Genehmhalten; was nur da überhaupt nöthig wird, wo die Rechte eines Dritten bloß gestellt werden könnten. Nur in Zeiten außerordentlicher Noth tritt das Parlament oder der Geheimerath in dessen Vakanz, hiezu mit auf Zeit beschränkten Vorkehrungen. Die Bäcker, und allein in London, sind einer Taxe unterworfen.

8) Unterstützungen aller Art durch Vereine, sind wohl mehr das Karakteristische der Britischen Nazion, aber in sofern alle nur möglich werden dadurch: daß die Regierung nicht hemmend ins Mittel tritt, oder Anzeigen oder Genehmigung fodert, verdienen sie auch hier bemerkt zu werden. — Der Waterloofond in neuerer Zeit, der so viel bedeutende Belohnungen auch in Preußen ausgetheilt hat, ist ein schöner Beleg zur Karakteristik der Britischen Nazion, die jede große That

und ihre Theilnahme daran*) nicht nur anzuerkennen, sondern auch auswärts zu belohnen sich verpflichtet fühlt, und diese Eigenthümlichkeit wieder Folge ihrer Verfassung.

9) Landesbewaffnung. Um hier nur ein Beispiel zu geben, wie weit der Wille der Nazion die Foderungen der Regierung übertreffe, wenn er mit ihr übereinstimmt, erwähnen wir der Freiwilligen, die ihren Ursprung der freien ungebundenen Wirksamkeit des englischen Volks danken. Ihre Errichtung wurde von Pitt veranlaßt, als Bonaparte Truppen bei Boulogne zusammenzog und vorgab, sie zu einer Landung in England gebrauchen zu wollen. Die Zahl der konskribirten Soldaten, die auf Befehl gestellt wurden, betrug 70000 Mann, und dazu schuf der Wille des Volkes, um seine Sicherheit gegen jeden Angriff zu bewahren, ein Heer, daß noch 1807, wo bereits alle Besorgniß verschwunden war, aus 180,000 Freiwilligen (Volunteers) bestand; in gleicher Art waren auch Seefreiwillige (Sea Fencibles) mit Böten an den Küsten zu Ruderflotten vereinet.

So steht in Großbritanien grade der Gegenbeweis gegen die befangne Meinung von so vielen: „die Regierung müsse alles thun, und nichts durch das Volk geschehen". — Dort erblicken wir eine Regierung, stolz auf ihre Macht, die nur darin besteht, daß sie dem Volkwillen gewähren läßt, und die goldne

*) Beim ersten Bombardement von Kopenhagen wurden bedeutende Summen zur Unterstützung der dabei unglücklich gewordenen Inwohner gesammelt.

Regel: „Laissez faire, im umfassendsten Sinne beachtet und anwendet.*)

Wir schließen diese Darstellung mit den Worten eines achtbaren Staatsmannes:**)

„So ist es in Großbritanien, so könnte es auch in andere Staaten sein: die Fähigkeit eines Volks öffentliche Geschäfte zum eignen und allgemeinen Besten auszuüben, setzt freilich allgemeinere Existenz von Verstand und Rechtlichkeit, Vaterlandsliebe und Gemeingeist, Gewandheit und Selbständigkeit voraus, welche anscheinend erst Wirkung einer, die Ordnung, Industrie und Freiheit begünstigenden Verfassung sein können. Aber es ist eine tröstende Erfahrung, daß, sobald nur die nothwendigen Bedingungen gegeben sind, die Sache bald wie von selbst folgt, und daß die Menschen, bei der ihnen fast überall eignen Meinung für öffentliche Geschäfte, bald die Fertigkeit dazu erwerben, wenn man ihre freie Wirksamkeit dabei nur nicht beschränkt. Wenn einzele Beispiele von den an manchen Orten betriebenen Wohlthätigkeitanstalten uns überzeugen, was der freien Thätigkeit der Einwohner im Kleinen möglich ist, so dürfen

*) Ueberall, auch außerhalb Großbritanien, wird man sich leicht überzeugen, daß es nicht die Behörden sind, die Ruhe und Ordnung erhalten, sondern die im Volke liegende Achtung vor dem Gesetz und sein eigner Werth. — Wie würde es sonst der Städte-Polizei möglich werden, eine solche Masse in Ordnung zu erhalten, wenn sie es nicht selbst wollten. Berlin hat 4 Polizeiinspektors, 23 Polizeikommissäre, 39 Sergeanten und 180,000 Einwohner!

**) Des Hrn. Oberpräsidenten Freih. von Vinke, in seiner Darstellung der innern Verwaltung Großbritaniens. S. 152. u. f.

wir an den Erfolg am Größern nicht verzweifeln, und wenn wir auch noch lange von dem erhabenen Vorbilde der Britischen Vollkommenheit entfernt bleiben, weil einige andre ihrer wichtigen Grundlagen — der hohe Wohlstand und Unabhängigkeitgeist, die öffentliche Moralität und der hohe Gemeingeist, — nicht alsbald in unserer Gewalt stehen, so ist doch schon der geringste glückliche Anfang ein großer Gewinn. Die Form der Staatsverfassung ist allerdings nicht gleichgültig, aber sie ist nicht nothwendige Bedingung; unter allen Völkern, die nicht reine Despotie beherrscht, ist eine ausgedehnte Theilnahme der Inwohner an den öffentlichen Geschäften möglich; die Erziehung kann dafür sehr nützlich wirken, wenn sie wirkliche Nazionalerziehung wird, sogar mehr noch als in England, wo sie für die niedere Klasse gar nicht existirt; nur Publizität, freie Ungebundenheit des öffentlichen Urtheils über öffentliche Personen und Gegenstände gleich im Beginnen, und wir werden bald aus der schönen Blüthe des Gemeingeistes die goldne Frucht der öffentlichen Meinung sich bilden sehen."

Vierter Abschnitt.

Material zur Bildung von Gemeindegliedern und Kreisvorständen und Kreisordnung.

Wir sind im ersten Abschnitte bemüht gewesen darzuthun, daß in einem Staate sich so viel große Individualitäten finden, als derselbe Provinzen in der Wirklichkeit enthält. Diese Individualitäten schmelzen im Staatsleben zusammen, und geben als Resultat das Karakteristische des Staates: die Idee die ihn belebt, und es ist die Sache der Ministerien, diese Eigenthümlichkeiten, so wie sie da stehen (und darauf sich ihr Wirken beschränkt), zum Wohl des Ganzen und Verfolgen des Staatszwecks zusammen zu vereinen und zu benutzen. Hiernach haben sie vereint und abgesondert darauf zu sehen: daß die allgemeinen Gesetze und die verschiedenen Verwaltarten, welche die Eigenthümlichkeit des Staates erfodert, überall gleich zweckmäßig sind, nicht blos zum Erhalten des Bestehenden, sondern zum Vervollkommnen desselben, zugleich entsprechend dem provinziellen Bedürfniß, so wie das z. B. in Großbritanien durch die Public general Acts und die Local Acts geschieht, und daß diese Gesetze auch zur vollen Ausführung kommen. Um die Eigenthümlichkeiten der Provinzen zu würdigen, und die Ministerien vor derjenigen Einseitigkeit zu bewahren, die nothwendig überall da entstehen muß, wo nur eine Ansicht geltend gemacht wird, sind Stände nöthig, eben so, damit durch diese das Volk die Uebereugung gewinne, sein heiligstes Interesse, das Band, welches alle Provinzen in ein großes Ganze unter der Krone vereint, werde wirklich wahrgenommen, und von ihm nichts mehr gefodert, als was durch das Staatsleben, das sich nicht bloß auf den gewöhnlichen allgemeinen Bedürfnissen beschränkt, sondern auch die, welche eine höhere geistige Ausbildung des Volks als Einheit erfodern, nothwendig bedingt wird. Der Minister ruhmvolles Streben wird also dahin gerichtet sein:

1) Gemeinschaftlich mit den Prinzen, welche zum königlichen Hause gehören, und den Erleuchteten im Volke, die des Königs Zutrauen besonders erworben, solche allgemeine Gesetze, nach dem Bedürfniß der einzelen Provinzen modifizirt vorzubereiten, die, wenn die Stände ihre Zweckmäßigkeit anerkannt, als allgemein bindende Normen, die verschiedene Verhältnisse des Staats regeln.

2) Darauf durch ihre Untergeordnete zu halten, daß die so entworfenen Gesetze in den verschiedenen ihnen angewiesenen Geschäftkreisen wirklich ausgeführt werden.

Ihnen ist daher der Staat, ein aus so viel Einzelheiten zusammengesetztes Ganze, als er Provinzen hat, und nur in der erhabenen Sphäre dieser Allgemeinheit bewegt sich ihr aufsehendes Wirken. In den Provinzialverwaltungen haben sie sich gar nicht zu mischen, weil sie zu hoch stehen, um in diese kleine Einzelheiten, darüber bisher immer noch berichtet werden mußte, einzugehen, sondern kontrolliren sie nur. — Diese Berichte werden dadurch unnöthig werden, daß durch Gesetze oder Verwaltnormen den Provinzialbehörden, (besser den Präsidenten der Provinzen) Vorschriften und Befugnisse ertheilt werden, alles was sich auf Einzelheiten der Provinzen bezieht, abzumachen, wofür diese denn verantwortlich sind.*)

*) Was speziell vor den Justiz- und Kriegsminister gehört, wird hier gar nicht berücksichtiget, sondern nur das, was vor die Departements des Innern, des allgemeinen Unterrichts, der Finanzen, den Handel und Schatz gehört, so lange die alle als abgesonderte Verwaltzweige bestehen.

Die Präsidenten, welche den Provinzen vorstehen und die Provinzialbehörde bilden, stehen in gleichem Verhältnisse zu diesen als die Minister zum Staate, mit dem alleinigen Unterschiede daß in ihnen sich alle die Gegenstände, welche sämtliche Minister beschäftigen, vereinen. Da sie nur die obere Aufsicht haben, und darauf sehen daß alles Vorschriftmässig ausgeführt werde, und nur in dringenden Fällen z B. Krieg. Mobilmachen und dergl. handeln, und die Regel ihres Verfahrens in sich finden: so werden sie dieser Aufgabe gewachsen sein, wenn sie anders wirkliche Präsidenten sind. Sie haben um die verschiedene Geschäfte zu bestreiten die ihrer fortwährenden Aufsicht anvertraut sind, unter sich, eine so große Anzahl von Räthen, als sie mit Ministern in Verbindung stehen, und die nach den verschiedenen Abzweigungen derselben, unter ihrer leitenden Verantwortlichkeit das Verfahren der Landräthe kontrolliren. Des Präsidenten Pflicht ist es, wenigstens einmal im Jahre sämmtliche Kreisverwaltungen zu untersuchen, und dabei besonders darauf zu achten, daß Leben in die innere Verwaltung komme: eigentlich der Lehrmeister der Landräthe zu sein, und sie da wo sie Unbehülflichkeiten zeigen zu belehren, wie sie die Sache recht anzufassen haben.

Der Präsident nimmt aber auch darum Kenntniß von allen Einzelheiten darin sich Kreis- Kirchspiel- und Gemeindeverwaltung bewegen, um sich zu versichern, daß das Prinzip, welches der Staatsverwaltung zum Grunde liegt, nämlich:

das Volk dahin zu bringen, daß es soviel als

möglich seinen Angelegenheiten selbst vorstehe unter dem Schutze eines gerechten Königs auch wirklich ins Leben gerufen werde, nicht mit Gewalt, sondern mit Ueberzeugung von dem Guten, welches dadurch, und wohl nur dadurch allein geleistet werden kann; und daß, was diesem Entwickeln des Guten entgegen steht weggeschaft wäre, träfe das auch den Landrath, als den allein von ihm abhängigen, den er die Befugniß haben muß sofort aus seinen Verhältnissen zu setzen, sobald er sich überzeugt, daß dieser störend verfahre, und auf dessen Entlassung er zu dringen hat, wenn derselbe seinem Auftrage nicht gewachsen.

Bei diesen Kreisuntersuchungen, welche der Präsident veranlaßt, nimmt er die einzelen Gegenstände des Landräthlichen Wirkens im Allgemeinen vor, durchsieht die Abmachungs-Akten und Bücher, um sich zu überzeugen daß alles regelrecht verhandelt sey, läßt die Kasse durch seine Räthe nachsehen und veranlaßt durch den Landrath eine allgemeine Einberufung der Kreisverordneten, Aufseher und der bewährten Männer, um von ihnen Anträge und Wünsche die den Kreis betreffen entgegen zu nehmen. Dahin gehören auch solche Anlagen und Einrichtungen die über die Gränzen und Kräfte des Kreises hinaus gehen, an welchen er aber Theil zu nehmen wünscht, oder zu welchen er aufgefodert wird, oder welche die Regalien betreffen, die von dem Präsidenten allein, als Vertreter des Fiskus, abgemacht werden dürfen.

Obschon nicht zu erwarten, daß bei einer so großen Theilnahme an den Gegenständen des eignen Interesses der Kreiseingesessenen, es dem schlechten Landrathe gelingen könne, die Kreisvorsteher und Aufseher zu bestimmen daß sie keine Klage gegen ihn anbringen: so ist auch, selbst in diesem Falle, durch die bewährten Männer gesorgt, welche Kirchspielweise eine zu bestimmende Anzahl auf diesen Tag aus ihrer Mitte beschikken. — Aber ungebührlich, und dem großen Ansehen das der Landrath braucht höchst schädlich, würde es sein, wenn der Präsident selbst die Versammlung befragen sollte, ob sie Beschwerden gegen den Landrath anzubringen hätten; denn dieser Fall muß so lange gar nicht als möglich gedacht werden können, bis er selbst eintritt, da der Landrath eben so als bewährter Mann gedacht werden muß, als die bewährten Männer es durch die Anerkennung der Kirchspielgemeinde ihres Wohnorts sind. Noch schlechter wäre es, wenn der Präsident zu Anklagen des Landraths unter der Hand oder schriftlich aufforderte, welches nothwendig mit Kassazion bestraft werden müßte. Denn es ist hinreichend daß der Präsident die Würdigsten im Kreise um sich versammelt, um ihm ihre Wünsche und Bedürfnisse in jeder Beziehung vorzutragen; hat der Landrath gesündigt, wird es dann schon zur Sprache kommen. Außer diesen Geschäften benutzt der Präsident seine Gegenwart im Kreise um die öffentliche Anstalten und ihre Verwaltung und andre Gegenstände, welche zu den Eigenthümlichkeiten desselben gehören, kennen zu lernen. Besonders auch, um die Vorsteher und Aufseher des Kreises mehr über ihre Verhältnisse aufzuklären, als die Kräfte des Landraths dazu reichen.

Auf diese Weise erhält der Präsident Kenntniß von

allen Anstalten und Einrichtungen im Kreise und den Inwohnern desselben, und das ganze Leben und Treiben was sich darin bewegt, liegt klar vor seiner Anschauung. Ueberall wo er erscheint, tritt er auf um das neu erwachte Leben zu stärken, kräftigen und vor dem Einschlafen zu sichern, indem er die Hitzigen mildert und die Schlaffen erstarkt. Ueberall sieht er ein schönes Werden, dessen Gedeihen von seiner Persönlichkeit sehr bedingt, und welchem er die höchste Richtung zu geben berufen ist: das vereinte Streben in

Treue gegen den König und Anhänglichkeit an das Vaterland. —

Die Landräthe sind die Chefs aller Verwaltung im Kreise, und dazu am meisten geeignet, weil sie an der Quelle des Staatslebens sind, ganz von ihm umgeben, und alles was sich auf den Kreis bezieht als erste und wahre Erscheinung vor Augen haben; gleich untersuchen und klar sehen können, ohne daß dadurch viel Zeit mit Reisen oder Schreiben verlohren gehe. — Die Kreise deren gesetzmäßige Vorstände die Landräthe sind, stehen aber in zwei großen Beziehungen zum Staate; als abgesonderte große Gemeinden, die sich in sich selbst verwalten, und als Bestandtheile der Provinz und des Staates. Für beide Beziehungen ist der Landrath da, aber für die erste handelnd, und für die andere aufsehend, daß das Gebührliche geschehe. Was die Minister für den Staat, die Präsidenten für die Provinz, als aufsehende Behörden sind: ist der Landrath im Kreise, aber zugleich ausführend und verwaltend, weil er dazu allein geeignet erscheint. —

Das Einwirken des Landraths auf den Kreis, als Bestandtheil des Staates und der Provinz darin er gelegen, also die eigentlichen Ständischen-Kreisverhältnisse, welche unter ihm sich bilden, aus den Kreisen hervorgehen, sich in Provinzial-Stände vereinen und aus diesen die eigentlichen Reichs-Stände bilden, berücksichten wir hier nicht, sondern nur diejenige Beziehungen, in welche der Landrath zu der Kreisverwaltung und zum Kreisleben steht. —

Vorausgesetzt wird dabei, daß jede Provinz und jeder Kreis für sich ihre Verwaltkosten aufzubringen habe, weil dies die beste, wohlfeilste und kürzeste Art ist; denn was jeden besonders betrifft muß er auch besonders tragen, und das gehört nicht zum Staatshaushalte, der sich nur auf das beschränkt, was die große Allgemeinheit angeht.

Hiernach stehen unter dem Landrathe:

A. Als königlichem Verwalter des Kreises, ohne Einmischung der Stände.

1) Die obere Leitung aller ständischen und Gemeinde-Verhältnisse, im ausgedehntesten Sinne der Polizei.

2) Sämmtliche Finanzbeamte, mit denen er allein in Verbindung stehen darf, als: Domänen-Beamte, Forstbediente, Einnehmer der direkten und indirekten Gefälle, Bergwerk-, Bau- und Zollbediente, u. s. w.

3) Die Kasse, darin alle diese Einkünfte fließen.

Als königlicher Verwalter des Kreises steht ihm zunächst die obere Leitung aller ständischen Verhältnisse zu, die in der polizeilichen Oberaufsicht und in dem Verhältniß der Inwohner des Kreises zum

Staate

Staate und dessen Oberhaupt gegründet sind. In Kraft königlichen Auftrags, vermöge dessen er verwaltet, bringt sein Amt es mit sich, daß er das Band sei, welches den ihm anvertrauten Kreis mit dem übrigen Staatskörper vereint, dadurch: daß er im Namen des Königs die Bildung von Ständen veranlaßt, die den Kreis darstellen, um als Theile an dem Wohle des Staates und der Festigkeit der Krone wirksam zu sein. Er hat also die Stände des Kreises zu veranlassen, daß sie sich in den Angelegenheiten, die das Verhältniß des Kreises zum Staate, oder andre erlaubte Gegenstände welche nicht reine Kreissachen betreffen, um ihn versammeln, oder zu solchen Zusammenkünften, welche ohne ihn bis jetzt noch abgemacht werden, eigentlich aber nicht sollten, (denn von dem Landrathe soll Alles im Kreise ausgehen) seine Erlaubniß zu ertheilen.

Dem Landrathe, als dem Einzigen im Kreise der mit königlicher Vollmacht versehen ist, eine Versammlung der Stände, als solche, wirklich anzuerkennen und den König darin zu vertreten, gebührt der Vorsitz darin und die Bewahrung des Gebührlichen, wenn es überhaupt befürchtet werden kann, daß dies verletzt werde. — Wo aber dieser nicht gut denkbare Fall eintritt, ist er befugt und verpflichtet, sogleich die Versammlung zu vertagen, gleichviel ob etwas beschlossen oder nicht, und die Gründe die ihn dazu vermogt haben dem Präsidenten der Provinz anzuzeigen. Eben so ist er befugt zu fodern, daß ihm die Gegenstände der Berathung angezeigt worden, und er darf die welche ihm anstößig scheinen der Untersuchung entziehen. In beiden Fällen aber haben die Stände das Recht, darüber in der Versammlung welche der Landrath auflöset, ihre Beschwerde dagegen an den Präsidenten in seiner Gegenwart aufzusetzen und zu berathen, und sich, wenn der Präsident gleichfalls die Schritte des Landrathes für rechtmäßig erklären sollte, gradezu an den König zu wenden; denn hierin können die Minister keine Mittelinstanz sein, da der Präsident seine Vollmacht vom Könige unmittelbar erhält. —

In den Versammlungen, darin der Kreis durch die Kreisstände in seinen äußern Beziehungen vertreten wird, werden auch diejenigen gewählt, welche dies in den Provinzialberathungen bewirken sollen. Wie diese, aus welchen sich die Vertretung des ganzen Landes bildet, einzurichten, und müssen örtliche Gesetze bestimmen. In dem Königreiche Preußen sind drei anerkannte Stände, Adel, Bürger und Bauern (eigentlich der sehr achtbare und würdige Köllmerstand); diese würden, wollte man das was sich in der Zeit entwickelt beibehalten, was wohl zu wünschen wäre, nach dem Verhältniß des Besitzthums oder dem direkten Steuerbetrage im Kreise als Stände anerkannt werden müssen. Die Städte repräsentiren sich wie große Gemeinden, und bilden in sich eine Korporazion. Die Bedingung, daß keiner den Kreis in irgend einer Beziehung vertreten könne, der sich nicht als rechtlicher Mann bewährt hat, ist hier wie bei der innern Verwaltung des Kreises unerläßlich.

Endlich gehört in diesem Bezug noch vor dem Landrath die Kontrolle über Aufbringen und Verwenden der Gelder, welche das Wahrnehmen der äußern Kreisverhältnisse erfodert.

Als **Verwalter des gesammten Staatseinkommens im Kreise**, vorläufig, so lange besondre Regalien, wie Posten, Salzhandel u. s. w. noch besonders verwaltet werden, nur derjenigen welche bis dahin zum Ressort der Regierungen gehörten; doch übt er auch über die ersteren in dringenden Fällen seine Macht aus, dafür er aber sofort sich gegen den Präsidenten verantworten muß. Die Verwaltung aller Zweige des Staatseinkommens unter dem Landrath zu stellen ist nöthig, um im Kreise keine Person oder Amt statt finden zu lassen, das nicht vom Landrathe abhinge; solche königliche Beamten-Kolonien in großen geordneten Verwaltungen schaden sehr, da die Kontrolle entfernt, — sie haben ihren Grund in der Regieeinrichtung gefunden; seitdem bestehen sie so fort. — Den Gegenstand der landräthlichen Verwaltung des Staatseinkommens bilden vorläufig: die Domänen, Forsten, und das dazu gehörige Bauwesen; die direkten und indirekten Steuern, darunter die Zölle begriffen sind, imgleichen das Stempelregal, auch die Kasse, darin alle diese Einnahmen fließen. Für diese Gegenstände tritt er in Stelle der Regierungen ein, und verwaltet darin nach der Instrukzion vom 25. Oktober 1817, wogegen die Präsidenten befugt werden müssen, über alles das zu entscheiden, (die letzte Prüfung der entworfenen Etats ausgenommen,) darüber bisher an die Ministerien berichtet wurde; — denn es ist anzunehmen, daß die Präsidenten, da ihnen noch überdem die örtlichen Verhältnisse der Provinz näher liegen, am besten darüber entscheiden können was Noth thue, und gleich den Ministern wissen was gesetzlich und thunlich sei. — Der Etat mit seinem Extraordinario, dafür der Präsident Rechenschaft zu geben verpflichtet, ist der Kreis, in dem sich die Befugniß des Präsidenten bewegt. Daraus geht auch die Vollmacht des Landraths hervor, dem der Kreisetat zugestellt wird, als Aufgabe und Regel für sein Verfahren; wo etwas über dem Etat hinausgeht, muß er berichten an den Präsidenten.

Da der Landrath aber selbständig handeln soll und sich nicht berathen, der Präsident aber handeln soll, und nebenbei für die Verwaltzweige mit einem Rathe umgeben ist: so ist nöthig, daß die Schreiberei, oder vielmehr das Aktenwesen ganz bei der Präsidentur bleibe, da der Landrath darauf, seiner verpflichteten Beweglichkeit wegen, nicht viel Zeit verwenden kann. Alles was daher die ihm übertragene Verwaltung betrifft, darin er den Domänen-Beamten und Pächtern, den königlichen Förstern, den Einnehmern der direkten und indirekten Steuern, davon der erstere auch das Stempelwesen unter sich hat, vorsteht, und wo Schreiben nöthig wird, gelangt schriftlich an ihn, und er entscheidet kurz darüber, allenfalls durch Dekrete, wo das zulässig, in den Gränzen seiner Befugniß, und bestimmt so das Verfahren der Unterbeamten. — Die Eingaben selbst werden von seinen Schreibern, die nur die Verfügungen und Erlässe abschreiben, welche von ihm unterzeichnet, den Fragern zugesendet werden, nach den fünf Verwaltgegenständen gesammelt, numerirt und so an den Präsidenten abgesendet, der durch seine kontrollirende Räthe das Abgemachte prüfen, etwa übersehene Förmlichkeiten nachhelfen, und die Gegenstände selbst dort an Ort und

Stelle Aktenrecht schreiben läßt, worauf alles wieder vom Präsidenten, aber nicht von den Räthen, mit denen der Landrath nichts zu thun hat, zurück zum Landrath kommt, dessen Schreiber dann die Landrathakten vervollständigen. Der Präsident wird darauf sehen, daß seine Räthe, die in der Folge aus solchen Landräthen am füglichsten genommen werden können, welche Körperschwäche an der nöthigen Beweglichkeit hindert, die Sachen in dem Monat, da sie sie in den ersten Tagen erhalten, auch abmachen und ihm zum Unterschreiben vorlegen, damit nichts liegen bleibe, oder in Vergessenheit gerathe. — Domänenanschläge dürften wohl nicht nöthig sein, sie sind einmal förmlich veranschlagt, die Fläche geht daraus hervor; wer die Gegend kennt, kennt auch die Domäne; Fremde werden auch bei den vollkommensten Anschlägen Lehrgeld geben, bis sie das Örtliche kennen gelernt haben; die Kosten sind überdies in der Regel bedeutender als das einjährige Plus, und das findet sich doch bei der Lizitation. — Ist man dahin gekommen, daß es gar keine Domänen und Forsten giebt, so wird die Verwaltung noch einfacher werden können. — Rücksichts der indirekten Steuern beschränkt sich der Landrath bei Defraudazionen auf Dekrete, von denen nicht nöthig ist, daß appellirt werde, wenn es genehmigt wird, daß, wie bei den anzuordnenden Kirchspieltagen, bloß geprüft werde: ob der Defraudant gehandelt habe aus Noth oder aus Lust am Betruge; darnach wird entschieden, ob er dann den Steuerbetrag nur nachzuzahlen oder noch Strafe zu geben hat. Ueberhaupt soll die ganze Verwaltung des Präsidenten wie des Landrathes nie stricti juris, sondern stets bonae fidei, aber unerlaßlich ehrlich, honnett und anständig geführt werden.

In den Geschäften, welche die erste Abtheilung der Regierung betreffen, ingleichen die Kirch- und Schulkommission, vertritt er gleichfalls die Regierung, so wie in den Sachen der Gewerbpolizei, die noch nicht ihren rechten Standpunkt hat finden können und daher getheilt beiden Abtheilungen zugefallen ist. Hier aber hat er gar nicht weiter an den Präsidenten anfragend zu berichten, als über solche Anstalten, deren Wirken sich über die Kreisgränze ausdehnt, als: über allgemeine Landesvisitazionen und deren Erfolg, die dann, wenn das alles eingeführt ist, wohl übrig sind; über die jährliche Einziehung der dienstpflichtigen Mannschaft, über die Landwehrübungen, die zum Theil unter ihm stehen müssen, da er der geborne Chef der zweiten Landwehrklasse, und über solche Gegenstände, die eine außerordentliche Ursache veranlassen, und die also außergewöhnliche Maaßregeln oder Unterstützungen erfordern, wie allgemeine große Schäden aller Art, Mobilmachungen u. s. w. — Dagegen wird sein Verwalten in andern Gegenständen vom Präsidenten an Ort und Stelle revidirt, und der Landrath ist wie jetzt verbunden, in einem monatlichen Berichte, der aber materieller sein muß als bisher, das wichtigste aufzunehmen, was er oder die Kreisvorstände veranlaßt haben. Ueberdem ist von den Verwaltgegenständen der ersten Abtheilung so viel Gemeingut der Kreise geworden, darüber der Landrath nur zum Wächter bestellt ist, daß wenig dabei vorkommen kann, was die Staatsverwaltung betrifft, die obere Aufsicht ausgenommen. — Um die Schreiberei zu vermeiden, ist es gut, daß er nach seinen verschiedenen Beschäftigungen Tagebücher führt. Er führt das allgemeine Tagebuch, wo er alles untereinander, was er getrieben, täglich einträgt; die Schreiber vervollständigen das denn nach den Fächern. Bei Kassenrevisionen wird nur abgeschlossen, revidirt und bescheinigt, wenn nicht Unordnungen vorwalten.

B. Als gesetzlichem Vorstande des Kreises mit thätiger Unterstützung der Kreisstände; gehören vor ihm

1) alle Geistliche und Schulangelegenheiten; die erstere, in sofern sie die Externa betreffen; die Konsistorialsachen gehören vor dem Präsidenten.

2) Alle Gegenstände der Medizinal- und Sanitätspolizei, wobei ihm allein, so lange sie der Staat bezahlt, die Kreisärzte und Wundärzte untergeordnet bleiben, hört das auf, so wird er für sie eine aufsehende Behörde.

3) Die Gewerbepolizei, die zugleich Land- und Wasserverbindungen berücksichtet.

4) Die allgemeine Landespolizei, welche in der Benutzung der natürlichen ortlichen Vortheile und dem Wegräumen der ihnen entgegen stehenden Hindernisse des Gedeihens des Wohlstandes im Kreise, der Vervollkommung der Produkzion und Fabrikazion, Sicherung vor Schaden u. s. w. bestehen.

5) Die Sorge für Arme, Armenanstalten, Besserungs- und Zuchthäuser.

6) Dienstpolizei.

7) Die Bewaffnung im Kreise.

8) Das Kommunalwesen.

9) Das Bauwesen.

10) Sicherheitspolizei und obere Leitung der Lokalpolizei.

In dieser Beziehung wird sein Wirken bei den Funkzionen der Kreisvorsteher und Kreisaufseher erwähnt werden.

Die Amtverrichtungen dieser werden, als vom Landrathe, der allein mit königlicher Vollmacht versehen ist, ihnen übertragen angesehen; denn auf diese Weise allein kann sich ihre Befugniß: unbedingte Folgeleistung zu fodern von Seiten aller übrigen Kreisinwohner, rechtfertigen lassen. Daher gebürt ihm nicht nur die Berufung auf ihn, überdas was jene festgesetzt haben und die Abstellung des Festgesetzten auf einem meist gefälligen und populären Wege, (durch benachbarte Vorsteher) sondern er ist auch ganz besonders verpflichtet darauf zu halten und dahin zu streben mit der ganzen Kraft deren er fähig, daß auch dadurch der wohlthätige Zweck, der in dieser Einrichtung liegt, erreicht werde. — Daher muß er außer den Kreis- und Kirchspieltagen davon unten die Rede, besonders bemüht sein: durch Belehrung und Anleiten die Kreisverordnete und Aufseher, zum Ausüben ihres Amtes immer fähiger zu machen, was von dem vielfältigen Gebrauche derselben, und dadurch, daß die Fähigsten und Bewährtesten dazu ernannt werden, und bei der großen Theilname am öffentlichen Leben, wohl mit Recht zu erwarten ist.

Als Vertreter des Fiskus hat er das Interesse des Staates wegen der im Kreise gelegenen Grundstücke in allen den Angelegenheiten wahrzunehmen, die sich auf den engen Kreisverband beziehen. Da aber diese Pflicht von ihm nur in der größten Allgemeinheit erfüllt werden kann, weil ihm für die einzelen Fälle keine Zeit bei seinen vielen Obliegenheiten bleibt, so ist er befugt, diese den Domänen=Pächtern, Intendanten und den Oberförstern bis auf einen gewissen zu bestimmenden Einfluß, der ihm darauf verbleiben muß, zu übertragen.

Besonders hat er darauf zu halten, daß in allen Versammlungen die das Gemeindewohl und Gemeindeleben betreffen, eine gebührliche Feierlichkeit herrsche, die schicklich an gewisse Formen für das Eröffnen, die Geschäfte der Versammlung selbst und den Schluß gebunden werden, damit, was Anfangs nöthig sein dürfte, die Inwohner sich gewöhnen, Angelegenheiten die das Wohl ihrer Mitbürger betreffen, nicht wie gewöhnliche freundschaftliche Lebensverhältnisse allein zu betrachten, und ihren unterscheidenden Werth erkennen lernen. — Darum müssen sowohl die Wahlen der Kreisverordneten und Aufseher als ihre öffentliche Einführungins Amt, sehr feierlich sein, und letztere durch den Landrath geschehen. — Bei der Wahl ist auch nöthig §. 49. der Verfassung der Kortes zu berücksichtigen: vorher die Wähler aufzurufen: ob jemand Klage zu führen, daß man ihn zu bereden oder bestechen versucht E i n e n G e w i s s e n zu wählen. Wird solches vermittelt, so verliehrt dieser, und der welcher sich für ihn verwendete das Wahlrecht. Da der Landrath das Haupt der ganzen innern Kreisverwaltung ist, so wird es nöthig, daß er auch äußerlich mit einer gewissen Repräsentazion erscheine, dazu ist nicht die Kleidung nöthig, die sich nach soldatischem Schnitt überhaupt vielleicht nicht für Civiloffizianten eignet. Etwa eine silberne Kette um den Hals mit dem mittlern Königl. Wappen wäre hinreichend. Wohl aber muß ein gemessener Aufwand ihn in seinen vielfachen Beziehungen unterscheiden. Er wird z. B. veranlaßt sein, bei den monatlichen Kreisversammlungen und andern Gelegenheiten die Anwesenden bei sich einzuladen. Da es nun nicht sein Posten mit sich bringt, daß er grade angesessener Guthbesitzer sei, beirseine Kenntnisse zu handeln allein in Betracht kommen: so wird auch nur dies aber sonst kein Vermögen von ihm gefodert werden können. Daher scheint es nöthig, das Gehalt des Landraths so zustellen, daß er gleich der begütertsten Klasse leben könne, und ihn vielleicht durch Tafelgelder in Stand zu setzen, diesen Zweck auch mit erreichen zu können. Für anständige Wohnung seines Amtes und Gelaß für die Schreiberei und die Zusammenkünfte zusorgen, ist Kreissache; aber keine andre kann dazu gemacht werden, weil er nicht abhängig vom guten Willen des Kreises sein darf, weshalb er auch kein Geschenk annehmen soll, was ihm Einzele darbringen; — wo aber der ganze Kreis zusammentritt, um ihm auf eine würdige Art ihr Vertrauen und ihre Liebe zu bezeugen, soll der Präsident die Befugniß haben, die Erlaubniß zur Annahme ertheilen zu dürfen.

Die nothwendige Mitwirkung der Kreiseingesessenen bei allen diesen Angelegenheiten wird bewirkt durch Kreisvorsteher und Kreisaufseher, wobei die Kreisvorsteher von den freien sässigen Inwohnern des Kirchspiels, die Kreisaufseher aber von den freien sässigen Inwohnern eines Gemeindebezirks, mit gleicher

Zahl von Stellvertretern gewählt, und vom Landrath bestätigt werden, der wenn er die Wahl nicht anerkennen will, Gründe anführen muß, darüber der Präsident in letzter Instanz entscheidet.

Zu dem Ende wird die Eintheilung der Kreise, wie sie jetzt besteht, benutzt. — Denn so wünschenswerth es an manchen Orten wäre, vielleicht ein andre zu erhalten welche die frühern Kreisverbände berücksichtigte, so würde die Ausführung mit großen Schwierigkeiten verbunden sein, die gerade nicht so nöthig sind. Dagegen scheint es wünschenswerth, die alte eingewohnte Provinzial-Eintheilung wieder eintreten zu lassen, die Rücksichts der Obergerichte, der Hypothekenbehörden und Kreditsisteme noch immer besteht, weil Provinzen nur auf natürlichem Wege entstehen, und darin so viel Eigenthümliches bewahren, daß es nicht gut mit andern vermischt werden kann. Für jede Provinz würde ein Präsident nöthig sein, oft nicht einmal das, denn z. B. Ostpreußen könnte mit Lithauen zusammen bleiben, auch das sämmtliche Pommern, und die Marken, die ziemlich desselben Stammes und derselben Gewohnheiten.

Der Kreis zerfällt in so viel Theile als er Kirchspiele für jede Provinz hat; diese in so viel Gemeinden als man wegen der Ausdehnung derselben für nöthig erachtet. In der Regel wird die Absonderung in Gemeinden den Inwohnern der Kirchspiele überlassen bleiben können, da diese am besten wissen, was in ihre Gemeinschaft paßt, und nur darauf zu sehen sein, daß sie sich bilden. Große Güther verbleiben als abgeschlossener Gemeindeverband; kleinere schließen sich mit den benachbarten zusammen; mit den Städten und solchen Dörfern, darin freie Eigenthümer wohnen, kann es eben so gehalten werden. — Große Städte bilden einen eigenen Kreis. —

Ein jeder Kreis, ein jedes Kirchspiel und eine jede Gemeinde bestreitet die speziellen Kosten von dem was ihr Noth thut, und bringt die dazu erforderlichen Summen aus ihrem ertragfähigen Eigenthume auf. Jeder Inwohner des Kreises ist zu solchen Beiträgen verpflichtet, und aus dieser Pflicht geht sein Recht hervor, Beschwerde zu führen und Untersuchung zu fordern, wann er sich verletzt glaubt. Zu dem Ende wird der Entwurf der einzelen Beiträge, Kreis-, Kirchspiel- und Gemeindeweise offenkundig gemacht, damit ein Jeder wegen Verletzungen oder wegen Mißverhältnisse dazu sein Beitrag zu den der andern steht, Erinnerungen machen und Abstellungen fordern dürfe, die, wenn sie richtig befunden, ihm gewährt werden müssen; wie das weiter ausgeführt werden soll.

Von dem Amte der Kreisvorsteher *).

Die Kreisvorsteher treten in drei Beziehungen auf, — als Repräsentanten des Kirchspiels, als Bewahrer und Aufrechthalter der Gesetze, als öffentliche Authoritäten des Kirchspiels. Daraus ergeben sich ihre Beziehungen zum Kirchspiel und Kreise.

*) Sie können, so wenig wie die Kreisaufseher, Kreisstände genannt werden, weil sie nicht den Kreis repräsentiren, auch nicht Kreisräthe, weil sie nicht zum Rathen sondern zum Handeln da sind. Kreisväter wäre auch gut, es würde ihnen zeigen, was man von ihnen erwartet. Wir haben ja schon Armenväter. Der Name ist nicht ganz rücksichtlos.

Als Repräsentanten der Kirchspiele werden sie dasselbe mit den Kreisaufsehern in den monatlichen Versammlungen vertreten, und nachdem sie vorher von den Kreisaufsehern die Wünsche und Nothdurft der einzelen Gemeinden vernommen und geprüft, bringen sie solche als Angelegenheit des Kreises in Berathung. Sie stellen den Landrath in ihrem Kirchspiele, wenn er abwesend, dar, in der Beziehung, in welcher derselbe Vorstand des Kreises ist, indem sie das sammeln was vor ihm gehört, und in höchst dringenden Fällen entscheiden, immer mit Erfolg, aber immer mit nachherigem Berufen der Partheien auf den Landrath.

Als Bewahrer und Aufrechthalter der Gesetze üben sie in erster Instanz die Gewalt aus, über:

1) die allgemeine und besondere Polizeipflege, darin die Kreisaufseher ihnen untergeordnet sind, für welche sie eine Instanz bilden, wenn auf sie berufen wird. Demnach sind sie gehalten, Frieden und Ruhe überall zu sichern, in allen Verhältnissen des bürgerlichen Lebens; daher vor ihnen gehören: die Untersuchung des ersten Angriffs, die Sicherung aller Verbrecher, die Bestrafung der Geringen in sofern das Polizeisache ist, so wie der persönlichen Beleidigungen, Eigenthumbeschädigungen (z. B. der Schade, den Menschen und Vieh in Feldern anrichten,) das gewaltsame Wegnehmen und Zerstörungen, Abgabebeschwerde, Fälschungen und Betrügereien im Handel und Wandel, im Verbrauch mit Lebensmitteln, bei Maaßen und Gewichten, Gesinde- und Gewerbstreite, einleitende Erörterung der Vaterschaft und Alimentation auf außergerichtlichem Wege, Bestra-

fung der Taugenichte, Bettler und Vagabonden, die Sorge für das Armen- und Besserungswesen und die sich darauf beziehenden Vereine und Anstalten. Ferner die Sittenpolizei, als die Aufsicht darüber daß kein öffentlich Aergerniß gegeben, die Sonn- und Festtage gefeirt und nicht entheiligt werden, mit der Aufsicht und jährlichen Bestätigung für liederliche und öffentliche Häuser (wo sie nöthig), Trödler, Branntwein- und Bierschänker, Packträger und Hausirer. Dann die Gesundheitspolizei über Bäder, den Verkauf von allerhand Heilmitteln, den Verkauf von ungesunden Nahrungsmitteln, Fürsorge gegen ansteckende Krankheiten und deren Einbringung, Quarantäne-Anstalten; für die Gesundheit in Gefängnissen und anderen Gebäuden, darin Menschen in Masse eingesperrt, verhaftet, erzogen, erhalten, beschäftigt oder geheilt werden. Die Feuerpolizei, in Bewahrung vor Feuersbrünsten, den Anstalten und Einrichtungen sie zu dämpfen, und der selbstordnenden Hülfe wo sie entstehen. Die Lokalpolizei ist ihnen gleichfalls untergeordnet, daher stehen Pflasterung, Beleuchtung, Reinigung der Straßen, Unterhaltung der Wege, Dämme, Brücken, Fähren, Schleusen, Kanäle, Ufer, Flüsse, Seen und Felder, Wasserleitungen und Abzüge, alle Verbesserungen, Verschönerungen und neuen Anlagen unter ihrer Aufsicht. Eben so sind ihnen untergeordnet die Gegenstände der Gemeinheittheilungen, Auseinandersetzungen von Grundstücken aller Art, Parzellirungen, Waagen, Bracken, die Schauanstalten u. dgl., wo sie bestehen.

2. Die Erhebung der Staats- und Gemeinde-Abgaben. Wegen der Staatsabgaben be-

schränkt sich die Erhebung nur auf die direkten Steuern. Sie erhalten zu dem Behufe vom Kreiseinnehmer eine Nachweisung der jährlich zu erhebenden Gefälle, und der Termine, in welchen gezahlt werden soll, die sie bei sich öffentlich aushängen, und noch sonst bekannt machen, und dann den Kreisaufsehern zustellen, sie in der Gemeinde bekannt zu machen, und zur rechten Zeit, etwa 8 Tage vor dem Termin einzuziehen. — Dafür erhalten sie und die Kreisaufseher etwa 1 und $1\frac{1}{2}$ Prozent Erhebkosten. Kauzionen dafür scheinen nicht nöthig, denn nur der Bewährte darf Kreisverordneter sein, und die Gemeinde hat ihn zu vertreten.

In Ansehung der Gemeinde-Abgaben wird es in folgender Art gehalten. — Die Vorschläge der Kreisaufseher, von den Kreisvorstehern geprüft, werden auf den monatlichen Kreistagen zur Sprache gebracht. Sie enthalten alles was sich auf das Bedürfniß der einzelen Gemeinde, z. B. Sprützen, veredelte Viehracen, Modelle u. dgl. bezieht, was dem örtlichen Interesse nützlich seyn kann. Dort wird geprüft ob die Vorschläge so zweckmäßig sind, daß es wünschenswerth, sie würden für den ganzen Kreis angewendet; ist das der Fall so wird es Kreissache, im entgegen stehenden bleibt es den Kirchspielen und Gemeinden überlassen, dennoch das was sie nöthig finden, einzurichten oder anzuschaffen, falls es nicht gegen die Gesetze läuft, in welchem Fall es untersagt wird. — Hierauf nehmen denn die Kreisvorsteher diese Vorschläge zurück, und legen sie, wenn das auch früher geschehen, dem Kirchspiel oder der Gemeinde nochmals zum Gutachten und

Bestätigen vor, welche darüber entscheiden. Dabei haben alle eine Stimme, welche dadurch verpflichtet werden sollen. — In Ansehung derjenigen Bedürfnisse, welche nöthig und unerläßlich sind für den Gemeinde-, Kirchspiel- und Kreisverband, werden nöthige Etats entworfen, durch den Kreisaufseher der Gemeinde, den Kreisvorsteher dem Kirchspiel und den Landrath dem Kreise vorgelegt, die, wo möglich, nach dem reinen Einkommen, sobald ihre Nothwendigkeit oder überwiegende Nützlichkeit erwiesen (wofür der Landrath in Kreissachen die erste, der Präsident die letzte Instanz ist), auf die bereits wähnte Art, durch Anlage, deren Bekanntmachung, Abhören und Festsetzen, bestimmt und erhoben werden.

Auf gleiche Weise wird verfahren bei den Gegenständen der gemeinsamen Anstalten, als: Zucht- und Besserungshäuser, Schulen, Kirchsachen; bei den Belohnungen für eingebrachte Landstreicher und aller solcher, die den Frieden und das Eigenthum in Gefahr bringen, oder das Geraubte wiederschaffen. Weil Prämien für Ergreifung der Verbrecher u. s. w., immer den Uebelstand erzeugen, daß das Verbrechen nicht der That, sondern der Belohnung wegen, verfolgt wird, so scheint es zweckmäßiger zu sein, daß, wenn der Verletzer des Eigenthums nicht zu ermitteln, der durch ihn entstandene Verlust dem Eigenthümer vom Kirchspiel oder Kreise unbedingt ersetzt werde; denn die Verbände stehen da wie Gemeinschaften, die sich den Schutz und Genuß ihres Eigenthums unter einander verbürgt haben. Es würde sich dadurch jeder Inwohner berufen fühlen, achtsamer zu seyn, und diese Maaßregel viel Vortheile vor

Asse-

Assekuranzen haben. Bewährte Männer müßten mit Handschlag und Wort den Werth festsetzen.

3) Die Mitwirkung für Militärzwecke steht ihnen gleichfalls zu. Alles, was sich auf Märsche, Verpflegung, Einquartirung bezieht, wie das Mobilmachen im Kriegsfalle, haben sie in Auftrag des Landraths auszuführen. Außerdem geschieht durch sie das Ausheben aller Streiter und Knechte, die Ausführung der Landwehreinrichtungen, deren geeignetste Offiziere sie sind, Versorgung der Vestungen u. s. w.

4) Gehört vor ihnen die Leitung aller nützlichen oder wohlthätigen Einrichtungen, welche im Kirchspiele bestehen; sie haben darauf zu halten, daß sie zweckmäßig verwaltet werden; zu sehen daß wo man die Mildthätigkeit der Einwohner in Anspruch nehmen will, auch ein rechter Grund, eine reine Absicht zum Grunde liege, und nur Gutes gestiftet werde ohne Nebenabsichten. Besonders wird ihnen empfohlen die Sorge für Kirchen und Schulen, darin sie in den Predigern und Schulvorständen würdige und zweckmäßige Unterstützung finden werden.

Als öffentliche Authoritäten, die ihr Daseyn fast allein dem Vertrauen ihrer Mitbrüder danken, sind sie befugt, jeden im Kirchspiele zu ihrer Unterstützung aufzufodern, und vertreten dessen Handlungen. — Sie sind gesezlich mit dem öffentlichen Vertrauen geschmückt, daher jede Erklärung, die sie unterzeichnen, als wahr und gewiß, selbst von den Gerichten, angenommen werden muß; daher sind sie befugt, Pässe und andere Scheine auszustellen, welche sich auf persönliche Eigenschaften beziehen, auch Lebenszeugnisse den Pensionärs zu ertheilen; auch dürfen sie alle Streitsachen schlichten, wenn der übereinstimmende Wille beider Partheien sie auffodert, die Richter ihres Streites zu seyn. In diesem Falle haben sie vorher eine Verhandlung aufzunehmen, daß beide Theile ihren Streit ihrem Urtheil anheimstellen, die von beiden unterzeichnet wird, und dann wird ihnen (wie dem Laudus) das ganze Verfahren überlassen; sie dürfen Zeugen vernehmen, Untersuchungen veranlassen u. s. w., Recht sprechen, ihr Urtheil vollziehen und vollziehen lassen. Dadurch werden viele Prozesse und Kosten erspart werden.

Ihr Verfahren wird durch ihr Gewissen und die Gesetze überall geleitet, von denen sie Kenntniß haben müssen, so weit sie sich auf ihren Geschäftkreis beziehen. — Wer vor sie gebracht wird als Angeklagter, den haben sie mündlich zu verhören, daraus wird sich ergeben, ob die Sache vor ihnen oder vor den Richter gehöre; im letztern Fall überweisen sie solchen dem Gericht, das sogleich sein Verfahren anfangen, und sie davon in Kenntniß setzen muß. Thut es das nicht, so haben sie das dem Landrathe anzuzeigen, damit der das Gericht veranlasse. Im erstern Fall werden sie beurtheilen, ob es nöthig sey, den verdächtigen Beklagten festzusetzen, oder gegen Bürgschaft, die, wenn er unbekannt, nöthig, los zu lassen bis zur entschiedenen Sache. Die Loslassung geschieht auf ihre Gefahr. Ist die Sache gleich zu entscheiden, so wird sie sofort abgemacht, die Geld- oder andre Strafe festgesetzt und in ein Buch getragen, darin kurz der Gegenstand erwähnt ist, und die Abmachung desselben, und wobei Kläger und Beklagter mit ihrer Unterschrift die richtige Eintragung bescheinigen. Im Fall des Nichtschreibenkönnens müssen bewährte Männer die Verhandlung als Zeugen unterschreiben. Wird die Haft für nöthig befunden so stellen sie den, der verhaftet werden soll, dem Kreisaufseher zu mit dem schriftlichen Verhaftbefehle, der die Ursache genau angegeben enthält. — Ein gleiches Verfahren findet statt Rücksichts derjenigen Exekuzionen, die ihnen von Gerichten oder dem Landrathe aufgetragen werden. — Sie schützen aber auch einen jeden gegen Eigenmächtigkeit. — Häuser dürfen sie nur durch die Kreisaufseher, und nur dann öffnen und darin Verhaftungen oder Haussuchungen stattfinden lassen, wenn die öffentliche Gerechtigkeit einen Verbrecher wegen gewisser Verletzungen oder wegen groben Verdachts verfolgt; denn das Haus ist ein Heiligthum der Familie, die es bewohnt. —

Sie sind ferner berufen, jedem Bedrohten beizustehen, sobald er ihren Schutz in Anspruch nimmt wegen gegen ihn oder sein Haus und Eigenthum ausgestoßenen Drohungen, wäre es auch ein Fremder oder Verurtheilter; denn Privatrache darf niemand nehmen, wo das Gesetz die Stelle des Rächers vertritt. — Gegen Verdächtige und solche, die in schlechtem Ruf stehen, dürfen sie ihre Gewalt in sofern anwenden, daß sie von ihnen Sicherheit für ihr gutes Betragen fordern dürfen; dazu die Gewährleistung von Personen, oder der Herrschaft, die ihn in Dienst nimmt oder hält, hinreicht; wenn das nicht der Fall, müssen sie die Gemeinde vor ihm sichern, bis er sich über sein Leben und seinen Wandel ausgewiesen.

Ihnen muß in allen Fällen unweigerliche Folge geleistet werden, auch die Gesundheits- und andre Beamte des Kreises sind verbunden, ihren Ersuchen um Gutachten, oder Lokalrecherchen, Untersuchungen u. s. w. unentgeldlich Folge zu leisten, sobald der Gegenstand etwas Allgemeines betrifft.

Jede unnatürliche Todesart ist von ihnen zu untersuchen; ebenso haben sie nach allen Kräften dahin zu wirken, daß, wenn Leichen gefunden werden, welche eine gewaltsame, nicht freiwillige Todesart gewiß machen, der Mörder entdeckt werde. Der Kreis wird ihnen darin beistehen, daß er auf die Entdeckung des Mörders große Prämien ein für alle Mal festsetzt. —

Damit den Kreisvorsteher nicht der Vorwurf treffe, daß er einseitig oder eigenwillig handle und verfahre, wird festgesetzt, daß da, wo es die Freiheit der Personen betrifft, und überall, wo eine Berathschlagung möglich zulässig ist, er den Rath einiger Mitglieder des Kirchspiels vernehme. Nur da gebührt ihm das Recht allein dazustehen, wo er vermöge seines Amtes nur handeln, nicht auch untersuchen und entscheiden darf, oder wo Gefahr im Verzuge ist. —

Um ihnen einen würdigen Rath zur Seite zu setzen, werden Gemeindeweise alle darin befindliche freie mit Eigenthum versehene Inwohner, wo es an solchen mangelt (was nur bei großen Gütern der Fall seyn kann), die zu Gerichtgeschwornen und Gerichtschöppen Geeigneten dieser Güter aufgezeichnet. Außer diesen haben Ansprüche darauf die im Lehrfache Beschäftigten. Die

Oertlichkeit entscheidet auch hier die Größe der Besitzung; in der Regel ist anzunehmen, daß der kleinste Besitz genüge. Diese Liste wird alle Jahre neu angefertigt, und zur öffentlichen Kenntniß der ganzen Gemeinde gebracht. Sobald anzunehmen, daß sie allen bekannt sey, versammelt der Landrath gemeinschaftlich mit dem Richter des Kreises, alle Inwohner des Kirchspiels, macht ihnen die Ursache der Versammlung feierlich bekannt, und fodert sie auf, ihm beizustehen und nach Pflicht und Ueberzeugung zu urtheilen. Hierauf wird Gemeindeweise Name vor Name mit Stand und Wohnort laut verlesen, und der Einwand, der gegen ihn gemacht werden kann, gehört, vom Richter geprüft, und darnach bestimmt, ob er als würdiger Beistand des Kreisvorstehers in dem Verzeichnisse bleiben oder daraus gestrichen werden solle. Die sich darin übergangen finden, dürfen sich hier melden. Ein gleiches Verfahren entscheidet, ob sie beizufügen oder nicht. Nachdem solcher Weise die Liste vervollständigt und dreimal neu abgeschrieben, wird sie vom Landrathe, von dem Richter, den Kreisvorstehern und Aufsehern, die gegenwärtig, in allen dreien Exemplaren unterschrieben, deren eines der Landrath, das andre der Kreisvorsteher, das dritte der Obmann der Kreisaufseher zur Bekanntmachung in allen Gemeinden erhält. — Ein schriftlich Verfahren ist dabei nicht weiter nöthig. Einwände und Ansprüche werden mündlich gehört und erwogen. Die auf solche Weise erkohrenen bewährten Männer werden die Rathgeber des Kreisverordneten; er hat sie nach Befinden der Umstände und wie er sie in der Nähe hat, zum Berathen einzuladen, jedesmal vier, so daß bei gleichen Stimmen die seine entscheidend ist.

Sind in einem Kirchspiele mehr als ein Kreisvorsteher, so wechseln die in dem Ansehn, das ihnen die Obmannheit giebt, nach dem Verhältniß ihrer Zahl oder in der Art, daß sie monatweise die Obmannheit über die andern ausüben. Doch soll es zugegeben werden, daß sie unter sich auch einen als solchen bleibend wählen, der dann in Bezug zu ihnen wie der Obmann der Kreisaufseher zu den andern steht.

Den Kreisvorstehern ist es auch überlassen die Geschäfte, die von ihnen abgemacht werden sollen, unter sich zu vertheilen, und gewisse Tage in der Woche anzusetzen, an welchen sie dies oder jenes Geschäft abmachen wollen; dergleichen Vereinigungen müssen aber vom Landrathe genehmigt, und auf die gewöhnliche Art zur Kenntniß der ganzen Gemeinde gebracht werden.

Die Kreisvorsteher verwalten ihr Amt unentgeldlich, doch soll ihnen etwas für Schreibgebühren vergütet werden; das große Zutrauen und der große wirksame Nutzen, den sie stiften, wie die daraus hervorgehende Achtung, werden, bei treuer Wahrnehmung ihrer großen Pflichten, ihnen größerer Lohn werden als irgend ein anderer. Für ihre Handlungen sind sie aber, in sofern von denselben kein weiterer Beruf statt findet, und sie solche ohne Zuziehung der ihnen beigeordneten Rathgeber thun, verantwortlich, und stehen nach Maaßgabe der Gegenstände für grobes, mittleres und leichtes Versehen ein; ihre große Wirksamkeit und das große

Interesse, das sie wahrzunehmen haben, machen dies nöthig. —

Sie führen ein oder mehre Bücher, darin sie die Geschäfte wie sie vorkommen verzeichnen, nach den Personen, dem Gegenstande und dem was sie beschlossen, und wobei die dabei Interessirenden die Richtigkeit des ganzen Verfahrens zu bescheinigen haben. Diese Bücher, nach den abgegränzten Gegenständen verschieden, dienen zu ihrer Rechtfertigung anstatt der unbehülflichen Akten, und um bei weitern Berufungen über die Art der Abmachung gewiß zu seyn, da alles mündlich geschehen muß. Auch die den Kreisaufsehern gegebenen Aufträge müssen darin, von diesen bescheinigt, aufgeführt seyn. — Diejenigen Sachen, die sie nur in erster Instanz oder gar nicht entscheiden dürfen, imgleichen die gegen ihr Verfahren gerichteten Beschwerden, und die, auch darohne, wenigstens Anfangs, nöthig werdende Revision ihrer Verrichtungen, werden im Kirchspiel von dem Landrathe und dem Kreisrichter vorgenommen, wenn nicht große Behinderungen, worüber sich der Landrath gegen den Präsidenten ausweisen muß, eintreten, soll dieselbe alle Monate geschehen, wobei aber dem Landrathe frei steht, mehre Kirchspiele zusammenzuziehen, doch in der Art, daß keine Sache unerörtert bleibe, und nur das, was dem Richter zusteht, und den Rechtsgang gehen muß, unbeendet bleiben darf. —

Zu dem Ende läßt der Landrath durch die Kreisvorsteher im Kirchspiele bekannt machen daß er eine Kirchspielversammlung halten wolle, und begiebt sich mit dem Richter, und begleitet von fünf benachbarten Kreisvorstehern, so früh an Ort und Stelle, daß die Sitzung im Sommer um 7, im Winter um 8 Uhr ihren Anfang nimmt. Hierauf eröffnet er feierlich die Sitzung, — bei der sämmtliche im Kirchspiel anwesende Kreisvorsteher und Aufseher, und außer den Abstellung Suchenden, so viele bewährte Männer des Kirchspiels gegenwärtig seyn dürfen, als die Oertlichkeit und ihre sonstigen Geschäfte schicklich gestatten, — indem er Kraft seines Amts und der ihm vom Könige übertragenen Macht die benachbarten Kreisverordneten auffodert, ihm beizustehen, die ihnen hier vorkommenden Gegenständen den Gesetzen und ihrem Gewissen gemäß zu entscheiden, und diese das mit Wort und Handschlag versichern. Dann ruft ein Schreiber laut und gebührlich, Gemeindeweise alle die verschiedenen Personen auf, die sich haben aufschreiben lassen, um gehört zu werden, und benennt den Gegenstand, warum sie Gehör fodern, was ein zweiter Schreiber, gleich dem ersten, niederschreibt. Die Gehörsuchenden entwickeln dann ihre Gesuche, worauf der Landrath den Fragpunkt feststellt, die Sucher mit den Zuschauen und den nicht auswärtigen Kreisverordneten und Aufsehern des Kirchspiels sammt den Schreibern abtreten, und der Rath giebt seine Stimmen ab mit Ja oder Nein. Des Landraths Stimme hat nicht mehr Gewicht als die der übrigen, der Richter hat keine, er weiset aber aufs Gesetzliche. Die Stimmenmehrheit entscheidet; bei gleichen Stimmen hat diejenige Entscheidung, der der Landrath beistimmte, den Vorzug. Dies Verfahren gilt für solche Fälle, wo die Entscheidung zweifelhaft ist; wo das nicht der Fall, wird der ungebührliche Sucher gradezu abgewiesen, aber mit Würde und Belehrung.

Was an einem Tage nicht abgemacht werden kann, bleibt für den folgenden; die Sitzungen dürfen zehn Stunden währen, der Landrath kann das fodern. — Von dem Ausspruche findet keine weitere Berufung statt. Die Beschlüsse der Kirchspielversammlung, werden von den beiden Schreibern gleichzeitig und auch vom Richter niedergeschrieben. Der Richter trägt sie in das Buch des Landraths ein, und zwar ganz kurz, so daß nur hervorgeht: wer und was gesucht und was beschlossen worden. Die beiden Schreiber nehmen für jeden Gegenstand ein besonders Blatt, weil dies als Ausfertigung dient, davon ein Exemplar bei dem Kirchspiel, das andre bei der betreffenden Gemeinde offen niedergelegt wird, damit jeder sehe und lese was entschieden; dann wird es in die Lade des Kirchspiels und in die Lade der Gemeinde niedergelegt; über welche der älteste Kreisverordnete und der älteste Kreisaufseher, oder die Obmänner, die Aufsicht führen.

Als Zeichen ihrer Würde tragen sie stets eine doppelte eiserne Kette um den Hals, daran das kleine Königliche Wappen.

Zu dem Amte der Kreisvorsteher wird, außer dem daß sie als bewährte Männer in der Kreisliste verzeichnet, die Kenntniß derjenigen Landesgesetze und die wissenschaftliche Bildung erfodert welche sie bei ihrer Amtsführung brauchen; sie müssen zu dem noch mit bedeutenderm Besitze angesessen sein als die Kreisaufseher; nur in seltenen Fällen sind Pächter großer Güter Ausnahmweise und nur, mit Einwilligung aller andern Vorsteher des Kreises, Wirthschaftsbeamte dazu wählbar. — Auf 100 bis 150 Feuerstellen muß wenigstens ein Kreisvorsteher kommen.

Von dem Amte der Krisaufseher.

Ihr Zweck ist die Polizeigewalt überall thätig und zur Stelle zu haben. Sie haben daher die Pflicht ihre Gemeinde gegen allen Störungen zu schützen und dahin zu sehen daß die Gesetze gehörig beachtet, den Verbrechen vorgebeugt, die Sonn- und Festage nicht entheiligt, Ordnung in öffentlichen Häusern erhalten, Dieben und Räubern gehörig nachgespürt, und sie, wo sie zu finden festgehalten werden; deshalb sind sie gehalten in der Gemeinde, die ihren Wirkungskreis beschränkt, zu jeder Zeit wachsam und aufmerkend zu sein. Haussuchungen stehen ihnen nur zu, wenn sie dazu besonders vom Landrathe oder Kreisvorsteher beauftragt sind, oder mit großer Gewißheit die Ueberzeugung erlangt haben, dadurch einen Verbrecher zu entdecken. Sie dürfen und sind dazu verpflichtet einen jeden zu verhaften der dem Eigenthume, den Personen oder Sachen Gefahr zu bringen droht, und ihn vor den Kreisvorsteher zu führen. Eben so da wo sie Unruhen, Tumulte, Aufläufe finden, oder ihnen solche angezeigt worden, müssen sie sich sogleich an den Ort, wo diese geschehen, hinverfügen und Ruhe und Auseinandergehen gebieten, und die Störer verhaften. Geschehen dergleichen unruhige Auftritte in Häusern, so sind sie sogar befugt, diese aufzubrechen um ihren Zweck zu erreichen. — Deshalb haben sie auch das Recht einen jeden Inwohner ihrer Gemeinde zum Beistande aufzufodern, und dieser ist verbunden sofort ohne alle Widerrede ihrer Auffoderung zu genügen und soll im Weigerungfalle so angesehen und bestraft werden, als habe er selbst absichtlich diese Unordnungen anstiften wollen.

Bei allen öffentlichen Versammlungen im Kreise, welche der Landrath oder der Kreisvorsteher veranlassen, müssen sie gegenwärtig sein, um als diejenigen die eigens berufen, und mit der Macht ausgerüstet sind Frieden zu erhalten, darauf zu sehen daß sich alles ruhig in seinen gebührendeu Schranken bewege. —

Wo sie Spuren begangener Verbrechen entdecken, oder Vergehungen gegen die öffentliche Sicherheit oder gegen fiskalische Verbothe, oder andere Ereignisse die gefährlich werden können, wie z. B. die Erscheinungen von wüthenden und Raub-Thieren, die sich über ihre Gemeinde hinaus ausdehnen: sind sie verpflichtet Maaßregeln gegen Schaden zu treffen und den Vorfall zur Kenntniß der benachbarten Kreisaufseher, der Kreisvorsteher und des Landraths zu bringen, je nachdem die Art der Besorgniß ist, welche sie vermuthen, die dann selbst ihre Maaßregeln darnach zu nehmen haben. Unterlassen sie solche Anzeigen, entweder aus Sorglosigkeit oder aus Trägheit, so laden sie den Verdacht auf sich sie hätten das entweder begünstigen oder den Schaden zulassen wollen, und sind dann zu Strafe und Ersatz verpflichtet.

Wenn Feuer in ihrer Gemeinde entsteht, Wahnsinnige, Bettler oder Vagabonden auf den Straßen sich umtreiben, durch unvorsichtiges Fahren, Reiten und Viehtreiben Schaden geschehen kann, sind sie verbunden sogleich thätig wirksam zu sein.

Außerdem haben sie darauf zu halten, daß alles was schädlich oder gefährlich werden könne verhindert werde; daher kommt ihnen zu darauf zu sehen: daß Wege, Brücken, Fähren und Kähne in gutem Stande erhalten, letztere nur bis zu einer gewissen Wassertiefe beladen werden dürfen, daß die Reinlichkeit der Straßen beachtet, ihr Raum nicht willkührlich beschränkt, das Wasser gehörig abgeleitet, gesunde Nahrungsmittel verkauft, und die Maaß- und Gewichtordnung beachtet werde.

Die Erheber der öffentlichen Abgaben haben sie zu unterstützen, ordentliche und sichere Listen über die Personen ihrer Gemeinde zu führen; auf Veranlassen des Landraths oder Kreisvorstehers für Quartiere, Lebensmittel und Fourage und das Fortschaffen des Gepäckes bei stehenden der durchziehenden Truppen zu sorgen, und sich das Verabreichte bescheinigen zu lassen. Allen ihnen aufgetragenen Exekuzionen, Verhaftungen haben sie sich zu unterziehen und alle Insinuazionen die ihnen zukommen zu bewirken.

Im Allgemeinen sind die dazu berufen auch die Befolgung der allgemeinsten Gesetze, die das Zusammenleben der Menschen bedingen zu sehen: helfend, schützend und bewahrend aufzutreten gegen jeden und jedes was den Frieden und die innre Ordnung stören könnte, und dazu mit der gehörigen Befugniß nicht bloß ausgerüstet, sondern auch berechtigt, auf so viele als ihnen zur Ausführung nöthig scheint ihr Amt zu übertragen, auch andre zu substituiren wobei sie aber für die Schritte derderselben verantwortlich bleiben.

Diejenige welche der Kreisaufseher verhaftet, darf er nicht länger als eine Nacht bei sich in Gewahrsam halten, und muß sie alsdann an den Kreisvorsteher weiter abliefern. Sind sie in seiner Gemeinde ansässig und die Ursache ihrer Verhaftnahme nicht so dringend, daß dadurch die Personen oder Sachen anderer in Gefahr kommen, so darf er sie gleich gegen Bürgschaft (Gewährleistung des Friedens die auch ohne Kauzion statt finden kann) entlassen.

Die Gemeindebeiträge und andre Leistungen in ihrem Bezirke haben sie einzuziehen, und gemeinschaftlich mit den Kreisvorstehern zu vertheilen, dazu noch jede Gemeinde besondre Mitglieder zu ihrem Beistande erwählt. Den Maaßstab giebt, wo möglich, das reine Einkommen jedes Inwohners. Sobald sie die Anlage der Vertheilung beendet, werden drei Abschriften davon genommen, deren Gleichstimmigkeit die Kommission die sie entwarf, bescheiniat; davon wird eine dem Landrath, die andre dem betreffenden Kreisverordneten zugesendet zum öffentlichen Aushängen, die dritte behalten sie bei sich, und machen dann in der Gemeinde bekannt daß sie zu jedermannes Einsicht bereit liege. Sobald die Zeit des öffentlichen Ausliegens verstrichen, die so lange währen muß daß ein jeder Inwohner die Kenntniß seines Beitrags erlangt haben kann, wird im Kirchspiele ein Tag anberaumt an welchen sämmtliche Kreisaufseher gegenwärtig sind, und wo einer der Kreisverordneten umgeben mit vier aus dem Kirchspiel gewählten bewährten Männern, die Einwände dagegen prüft und berichtigt oder bestätigt, nachdem diese vorher durch Wort und Handschlag verheißen, ohne alle Nebenrücksichten zu entscheiden. Die auf diese Weise von dem Kreisvorsteher und den vier bewährten Männern festgesetzte Hebliste wird, mit ihrer Unterschrift versehen, dem Landrathe zugesendet, der sie bestätigt und dem Kreisaufseher die Befugniß ertheilt die Beiträge in seiner Gemeinde einzuziehen. Dann wird die Hebliste abermals eine Zeit öffentlich ausgehängt und zugleich die Zeit bestimmt wann die Beiträge eingezahlt werden sollen, und wenn diese verstreichen, die Säumigen durch Zwangsmittel dazu angehalten. Mit der Berechnung der vorausgabten Gelder für Gemeindezwecke wird es auf gleiche Art gehalten. Bei beiden Verfahren gibts weiter keine Beschwerde, als an den Landrath; die Beschwerde kann aber nur die Untreue der fünf zum Urtheilen erwählten Männer treffen. Ein gleiches Verfahren findet statt, bei allen andern Gemeindeleistungen, sie mögen Namen haben wie sie wollen.

Die Kreisaufseher tragen als Kennzeichen ihres Amtes eine einfache eiserne Kette um den Hals über ihre Kleider, selbst wenn sie einen Mantel haben, auch über den, an welcher das kleine Wappen des Staates befindlich ist. Sonst brauchen sie weder Uniform noch Waffe, da jeder Inwohner weiß daß er ihnen unbedingt Folge leisten müsse, und es ihnen frei steht, wenn sie es für nöthig finden, die ganze Gemeinde zu ihrem Beistande aufzubieten. — Waffen und Uniformen würden ihnen auch gar wenig helfen; sie haben es oft mit der Masse zu thun, da hilft einzeln auch kein Bayard sein. Ihre Macht besteht darin, der geringen Anzahl der Störer, die große Menge gut gesinnter Männer entgegen setzen zu können. Die Kette ist nur ein Erkennungszeichen ihrer Vollmacht. Nähere Verordnungen müssen bestimmen, in welchen Fällen sie für grobes, mäßiges oder leichtes Versehen aufzukommen haben; auch diejenige Belohnungen welche ihnen für einzelen Fälle, z. B. das Aufgreifen von Dieben, Räubern und dergleichen werden sollen. In der Regel ist anzunehmen daß sie ihr Amt unentgeldlich als Pflicht übernehmen, die ihnen theils ihr Verhältniß zur Gemeinde, die sie schirmen sollen, theils das Zutrauen das sie wählt auferlegt. Außerdem dürfen sie von Einzelen denen sie amtlich Hülfe leisten gar nichts nehmen, selbst, wenn es ihnen angebothen würde. Denn die freudige Ueberzeugung eines wohlthätigen Wirkens, was sie nur wenig von ihrer gewöhnlichen Beschäftigung abhält, muß ihnen größerer Lohn sein, als die Geldbeiträge ihre Genossen, dazu auch der Aermste beizutragen verpflichtet ist.

Ueber ihre Verrichtungen haben sie ein Tagebuch zu führen, und am Abende jeden Tages das, was etwa an demselben vorgefallen und von ihnen abgemacht worden, darin einzutragen, wobei sowohl die Personen als die abgemachte Sache erwähnt werden müssen.

So lange die Landwehreinrichtung besteht, gehören sie zu derselben zweiten Aufgebote, wenn sie auch schon einige Jahre über die Verpflichtung hinaus sind, und haben nächst den Kreisvorstehern die nächste Anwartschaft auf Offizierstellen darin. Sie sorgen in ihrer Gemeinde dafür, daß die Uebungen darin gehalten, und wenn sie außerhalb ihrer Gemeinde stattfinden, daß die aufgebotene Mannschaft zu gehöriger Zeit und am gehörigen Orte ordentlich versammelt sei.

Jeder Inwohner des Bezirks, und jeder, der sich darin auch nur einen Augenblick verweilt, ist ihren Anordnungen Folge zu leisten verbunden, wes Standes und Ranges er sey, ausgenommen den Landrath und den Kreisvorsteher, die ihre Vorgesetzte sind.

Die Feuerpolizei ist ihrer thätigen Wirksamkeit besonders übergeben; sobald in ihrer Gemeinde Feuer entsteht, haben sie die besondere Befugniß und Pflicht, die nöthigen Anordnungen zu treffen, um demselben Einhalt zu thun. Damit das erfolgreich sey, haben sie darauf zu halten, daß überall Feuerlöschgeräthschaften in hinlänglicher Menge und gutem Stande vorhanden sind.

Das Wohl ihrer Gemeinde, um welche sie bei treuer Ausübung ihres Amtes so große Verdienste erwerben, haben sie besonders zu berücksichtigen. Gelegenheit, das Beste derselben zur Sprache zu bringen, auch Einrichtungen die ihnen nöthig scheinen darin ausgeführt zu sehen, werden ihnen die monatlichen Versammlungen gewähren, davon oben die Rede war.

Ihre Zahl ergiebt das Bedürfniß; auf 30 — 50 Feuerstellen muß wenigstens einer seyn, damit sein Amt ihn nicht zu sehr von seinem gewöhnlichen Treiben abziehe. Die Kreisaufseher eines Kirchspiels erwählen unter sich einen Obmann, der ihnen das, was sie im allgemeigemeinen betrifft, oder wozu sie von den Landräthen und Kreisvorstehern beauftragt werden, bekannt macht.

Zu dem Amte eines Kreisaufsehers sind geeignet alle unbescholtene, rechtliche, körperlich gesunde, freie, sässige Grundeigenthümer einer Gemeinde, die einen gewissen Grad nöthiger Bildung haben, in der Regel die Schulzen und Geschwornen. Das Gesetz bestimmt der Oertlichkeit gemäß die Größe des Eigenthums. In den Gütern, die nur aus unangesessenen Leuten bestehen, ist der Gutsherr dazu verpflichtet; er darf sich aber durch seinen Wirthschafter oder andre Geeignete vertreten lassen, für deren Handlungen er einsteht und verantwortlich ist.

Auf diese Weise kann das Gemeindeleben gehoben, und von unendlichem Nutzen für das Ganze gebracht werden; denn es ist anzunehmen, daß in kurzer Zeit die Fähigsten der Kreisinwohner daran thätigen Theil nehmen werden.

Damit aber diese thätige Theilnahme, und das Gute das in Einrichtungen, Verbesserungen und Anstalten daraus einzeln hervorgeht, nicht auf einen Kreis allgemein beschränkt werde, wird es nützlich sein, daß der Präsident am Schluß des Jahres sämmtliche Landräthe um sich versammle, wohin sie ihre jährliche Darstellungen über das was im Kreise geschehen und gewirkt worden mitnehmen. Da werden dann Ideen ausgetauscht, und alles Neue besprochen, geprüft und erwogen, damit es allgemeines Gut der Provinz werde. — Dann werden sich von selbst Vereine bilden, die gerne dahin wirken werden, daß der anerkannte Gute vervollkommnet und verbessert werde, und ein allgemeines Streben zum Besserwerden und zur Vollkommenheit, daraus alle höheren Tugenden des Staatsbürgers hervorgehen, wird der große Gewinnst des Staates sein.

FSC
www.fsc.org
MIX
Papier | Fördert gute Waldnutzung
FSC® C083411

Kolibri 360 GmbH
Ferdinand-Jühlke-Straße 7
99095 Erfurt, Deutschland
produktsicherheit@kolibri360.de